A EDUCAÇÃO MEDIADA POR TECNOLOGIA NA AMAZÔNIA

Catalogação na Fonte
Elaborado por: Josefina A. S. Guedes
Bibliotecária CRB 9/870

L929e 2024	Lubiana, Alessandro
	   A educação mediada por tecnologia na Amazônia / Alessandro Lubiana. – 1. ed. – Curitiba: Appris, 2024.
	   112 p. ;21 cm. – (Educação, tecnologias e transdisciplinaridade).
	
	   Inclui referências.
	   ISBN 978-65-250-5607-4
	
	   1. Tecnologia educacional. 2. Medição. 3. Tecnologia. 4. Ensino médio – Amazônia. I. Título. II. Série.
	
	                                                    CDD – 371.334

Livro de acordo com a normalização técnica da ABNT

Appris
editora

Editora e Livraria Appris Ltda.
Av. Manoel Ribas, 2265 – Mercês
Curitiba/PR – CEP: 80810-002
Tel. (41) 3156 - 4731
www.editoraappris.com.br

Printed in Brazil
Impresso no Brasil

Alessandro Lubiana

A EDUCAÇÃO MEDIADA POR TECNOLOGIA NA AMAZÔNIA

FICHA TÉCNICA

EDITORIAL — Augusto Coelho
Sara C. de Andrade Coelho

COMITÊ EDITORIAL — Marli Caetano
Andréa Barbosa Gouveia - UFPR
Edmeire C. Pereira - UFPR
Iraneide da Silva - UFC
Jacques de Lima Ferreira - UP

SUPERVISOR DA PRODUÇÃO — Renata Cristina Lopes Miccelli

PRODUÇÃO EDITORIAL — Miriam Gomes

REVISÃO — Manuella Marquetti

DIAGRAMAÇÃO — Andrezza Libel

CAPA — Eneo Lage

REVISÃO DE PROVA — Jibril Keddeh

Aos meus pais, Alécio Lubiana e Vanda Francisconi Camilo Lubiana, pelo incentivo aos estudos e exemplo de vida.

À minha esposa, Kelen Cristina Leite Lubiana, que me compreendeu nas ausências e contribuiu de modo a me incentivar e não desistir nunca dos meus sonhos e objetivos, e, principalmente, por ser uma parceira com quem posso contar sempre.

À minha filha, Isabelly Sayury Leite Lubiana, que deu um sentido especial à minha existência e tem proporcionado grandes momentos de alegria.

À toda minha família Lubiana, em nome de Maria Baldo e Armando Lubiana e Claudio Nazareth Camilo e Jovelina Francisconi Camilo, meus queridos avós.

AGRADECIMENTOS

Inicialmente, quero agradecer a Deus por ter me dado saúde e por ter colocado no meu caminho pessoas que encurtaram uma trajetória longa e difícil.

À professora e orientadora Dr.ª Adriana Alves, cuja ajuda e orientação foi imprescindível na escolha do tema da presente pesquisa. Pela condução da orientação no decorrer da pesquisa, principalmente em momentos difíceis. Pela paciência, pelo apoio e pela partilha de conhecimentos. Pelo exemplo de profissionalismo, pelas experiências compartilhadas, pela sua disponibilidade e orientação nesta viagem atribulada, pela sua exigência, pelos desafios colocados e pela motivação dada nos momentos de grande angústia e, sem dúvida, pelo sorriso constante, que me enchia sempre de esperança.

Por fim, rendo agradecimentos à Faculdade Católica de Rondônia, em nome do magnifico reitor Dr. Fabio Rychecki Hecktheuer, pelo constante incentivo à pesquisa e à minha formação, sendo a pessoa decisiva no encorajamento a seguir ao doutorado, que estou cursando na Universidade do Vale do Itajaí, em Santa Catarina.

PREFÁCIO

Com imenso orgulho e satisfação, tenho a honra de prefaciar o livro *A educação mediada por tecnologia na Amazônia*, resultado da notável pesquisa desenvolvida pelo doutor Alessandro Lubiana, cuja trajetória acadêmica tive o privilégio de orientar. Como doutora e pesquisadora em Educação, reconheço a importância singular deste estudo na região Amazônica, historicamente carente de pesquisas científicas na área.

Alessandro Lubiana, movido por uma curiosidade incansável e impulsionado por um genuíno interesse em contribuir para a melhoria da educação na região Amazônica, empreendeu uma jornada desafiadora. Enfrentou viagem de mais de oito horas em embarcação pelo rio Madeira, adentrando-se em comunidades ribeirinhas de difícil acesso, para conduzir sua pesquisa junto aos egressos do ensino médio, no distrito de Calama, Rondônia. Sua dedicação e coragem em ir a campo, vivenciando de perto a realidade da educação nessas comunidades, são admiráveis e refletem o comprometimento do autor com o rigor científico.

Esta pesquisa pioneira lança luz sobre o potencial do Ensino Médio Mediado por Tecnologia (EMMT) como uma ferramenta poderosa para proporcionar aos alunos em comunidades remotas a oportunidade de acesso ao conhecimento, conectando-os com o mundo e ampliando suas perspectivas de futuro. Ao longo deste livro, os leitores terão a oportunidade de compreender a grande importância dessa política, e seus desafios, para a construção de um futuro mais promissor para jovens que, mesmo em locais remotos, podem vislumbrar um leque de possibilidades antes inimagináveis.

Implantado em 2016 em Rondônia, o EMMT, entre muitos desafios e críticas, teve seus primeiros egressos no ano de 2018. E quais são as percepções desses primeiros egressos sobre esse modelo de ensino? É com esse principal questionamento que a pesquisa, embasada em uma abordagem qualitativa e apoiada em entrevistas com egressos, revela as percepções e as transformações vivenciadas por esses alunos ao se depararem com a experiência de uma educação mediada por tecnologia em meio a um cenário desafiador. As aprendizagens não se limitaram aos conhecimentos acadêmicos, visto que permitiram aos egressos conectarem-se ao mundo e expandirem suas possibilidades de escolhas futuras. O foco na Análise do Discurso, aplicada à interpretação das entrevistas, demonstra o compromisso com a precisão dos resultados obtidos.

O livro traz à luz não apenas os benefícios e as dificuldades do EMMT, mas também nos convida a refletir sobre a importância do acesso à educação em comunidades remotas e sua relevância na formação integral desses egressos. Ao mergulharmos na pesquisa de Alessandro Lubiana, somos lembrados de que a tecnologia, quando utilizada com propósito e sensibilidade, pode se tornar uma poderosa aliada na construção de um futuro promissor para os jovens que vivem em áreas afastadas dos centros urbanos.

Neste prefácio, expresso minha gratidão ao autor por compartilhar seu conhecimento e suas descobertas conosco. A pesquisa é, sem dúvida, uma importante contribuição para a área da Educação e inspirará futuros estudos e iniciativas no campo do Ensino Médio Mediado por Tecnologia.

Por fim, recomendo entusiasticamente a leitura deste livro a todos aqueles que se interessam pela Educação, Tecnologia e pelo impacto positivo que uma política pública, ainda que em constante adequações, pode proporcionar na vida de jovens estudantes em comunidades remotas. Que esta obra inspire novas reflexões e ações transformadoras no cenário educacional amazônico e brasileiro.

Adriana Gomes Alves
Doutora em Educação pela Univali em Itajaí, Santa Catarina

APRESENTAÇÃO

A Educação é um pilar fundamental para o desenvolvimento de qualquer sociedade. No entanto, um dos desafios enfrentados diz respeito ao difícil acesso à escola, principalmente em regiões mais distantes dos centros urbanos. A Amazônia, por exemplo, é uma das áreas que sofrem com essa realidade. Pensando em soluções para esse problema, a Mediação Tecnológica na Educação surge como uma alternativa para proporcionar oportunidades de aprendizado aos alunos do ensino médio da região de Rondônia.

A inclusão é um tema recorrente quando se trata de educação. Garantir que todos os estudantes tenham acesso igualitário à aprendizagem é um desafio que exige criatividade e inovação. Nesse sentido, a utilização de tecnologias na educação se mostra como um caminho promissor.

O Ensino Médio Mediado por Tecnologia na Educação é uma abordagem que utiliza recursos digitais para levar conteúdos educacionais de qualidade aos estudantes. Por meio de plataformas on-line, alunos podem assistir às aulas, acessar materiais didáticos e interagir com professores, mesmo estando distantes fisicamente. Isso permite que jovens que antes não tinham acesso a uma educação de qualidade possam se beneficiar das mesmas oportunidades que estudantes em áreas urbanas.

Na região amazônica, em especial, essa abordagem tem sido uma forma de romper barreiras geográficas e ampliar o acesso ao ensino médio. Com o auxílio da tecnologia, é possível levar educação de qualidade até mesmo para comunidades mais isoladas, onde a presença de escolas físicas é escassa. Dessa forma, os estudantes têm a oportunidade de adquirir conhecimentos e se preparar para o mercado de trabalho sem precisar se deslocar para grandes centros urbanos.

Além disso, o Ensino Médio Mediado por Tecnologia da Informação na Educação também beneficia os professores. Por meio das plataformas digitais, é possível que os docentes alcancem um número maior de alunos e tenham ferramentas para tornar as aulas mais interativas e dinâmicas.

É importante ressaltar que essa abordagem não substitui totalmente o ensino presencial, mas complementa as aulas presenciais, garantindo mais inclusão e acesso ao conhecimento. A tecnologia se mostra como uma aliada na missão de promover uma educação de qualidade para todos.

Em um país com proporções continentais como o Brasil, a Mediação Tecnológica na Educação é uma alternativa viável para superar as dificuldades de acesso à educação, geograficamente ampliando as possibilidades de inclusão. No caso da Amazônia, região conhecida por suas belezas naturais, mas também por suas dificuldades de infraestrutura, essa abordagem tem o potencial de revolucionar o acesso ao ensino médio.

Portanto, é fundamental investir em tecnologia e na capacitação de professores para que essa oportunidade chegue a todos os alunos, promovendo a inclusão e o desenvolvimento educacional em regiões com difícil acesso. A Educação Mediada por Tecnologia da Informação no ensino médio é um passo em direção a um futuro mais inclusivo e igualitário.

LISTA DE SIGLAS E ABREVIATURAS

AVA	Ambientes Virtuais de Aprendizagem
BDTD	Biblioteca Brasileira Digital de Teses e Dissertações
CEB	Câmara de Educação Básica
Capes	Coordenação de Aperfeiçoamento de Pessoal de Nível Superior
CNE	Conselho Nacional de Educação
EaD	Educação a Distância
EG	Egresso
EPT	Educação Profissional e Tecnológica
EMPMT	Ensino Presencial com Mediação Tecnológica
Emater	Entidade Autárquica de Assistência Técnica e Extensão Rural do Estado de Rondônia
EMMTEC	Ensino Médio Mediado por Tecnologia
Fetagro	Federação dos Trabalhadores na Agricultura de Rondônia
EMMT	Ensino Médio com Mediação Tecnológica
IUB	Instituto Universal Brasileiro
IBGE	Instituto Brasileiro de Geografia e Estatística
LDB	Lei de Diretrizes e Bases da Educação Nacional
MP	Ministério Público
PNAD	Pesquisa Nacional por Amostra de Domicílio
PNE	Plano Nacional de Educação
PIB	Produto Interno Bruno
Saci	Sistema Avançado de Comunicações Interdisciplinares

Sintero	Sindicato dos Trabalhadores de Educação de Rondônia
Pronatec	Programa Nacional de Acesso Ensino Técnico e Emprego
Seduc	Secretaria de Educação
TICs	Tecnologias da Informação e Comunicação
TCLE	Termo de Consentimento Livre Esclarecido
Unir	Universidade Federal de Rondônia

SUMÁRIO

INTRODUÇÃO

Para os moradores das comunidades ribeirinhas[1] e de difícil acesso[2] na Amazônia, o direito à Educação foi, por muitos anos, apenas um sonho. Essas localidades geralmente estão distantes geograficamente das grandes cidades, as quais concentram os maiores investimentos em todas as áreas. É evidente que a não priorização de recursos para esses lugares faz com que os moradores enfrentem dificuldades para se desenvolverem, o que impõe às pessoas desses povoados a falta de acesso aos direitos básicos, tais como a educação.

Os ribeirinhos dessas localidades precisam enfrentar as consequências da falta de políticas públicas voltadas a essas populações. Há também aqueles que deixam suas famílias e o local onde nasceram para irem em busca de realizações profissionais e acesso aos estudos; estes, por sua vez, dificilmente retornam para o lugar de origem, pois depois de experimentarem uma nova realidade, não desejam mais voltar para a anterior. Esses jovens adquirem conhecimento e conseguem empregos em grandes empresas ou fazem carreira nas cidades que têm mais acesso à tecnologia e mais atenção dos governantes. Decorre desse fenômeno a escassez de conhecimentos que poderiam alavancar o desenvolvimento das comunidades isoladas e, consequentemente, melhorar a qualidade de vida nessas localidades.

Para resolver o dilema de como levar educação a essas populações, a Educação Mediada por Tecnologias[3] mostrou-se como uma alternativa viável de alcançar as regiões de difícil acesso. Inicialmente

---

[1] Povos ribeirinhos ou ribeirinhas são aqueles que residem nas proximidades dos rios e têm a pesca artesanal como principal atividade de sobrevivência. Cultivam pequenos roçados para consumo próprio e também podem praticar atividades extrativistas e de subsistência.

[2] Lugares distantes, com dificuldade de acesso. No caso de Calama, só há acesso pelo rio e são 18 horas de barco.

[3] A educação presencial mediada por tecnologia é uma prática pedagógica inovadora, que permite a realização de aulas a partir de um local de transmissão para salas localizadas em qualquer lugar do país e do mundo. Seus pressupostos imprescindíveis são aula ao vivo e presença de professores, tanto em sala quanto no estúdio. É necessário que a escola se aproprie de novas metodologias, para dar mais oportunidades ao aluno e, também, ao professor, que pode desenvolver seu trabalho de forma inovadora.

transmitida via satélite por meio de teleaulas, atualmente, com a expansão de novas tecnologias e o surgimento da internet, outras formas de acesso à educação nessas localidades são oferecidas. Conforme esclarece Barreto (2002), para aqueles que iam cursar o ensino médio no Amazonas, onde o ensino mediado começou em 2007, o governo estadual aderiu à educação mediada por tecnologia, colocando em sala de aulas alunos que antes não podiam ser alcançados pela rede pública de ensino. Para o nível superior, empresas privadas oferecem a Educação a Distância (EaD) nesses locais, desde que exista internet instalada.

O Ensino Médio com Mediação Tecnológica (EMMT)[4] começou a ser discutido em Rondônia no ano de 2013, quando o projeto de Lei n.º 975/2013, de autoria da deputada Epifânia Barbosa[5], foi enviado para a Assembleia Legislativa, conforme relatam Silva e Santos (2019).

Embora o projeto tivesse grandes chances de aprovação, os movimentos sociais[6] dos Trabalhadores Sem Terra e o Sindicato dos Trabalhadores Rurais se mobilizaram contra a criação do programa Ensino Médio com Mediação Tecnológica (EMMT)[7] e o projeto foi arquivado, a pedido da própria autora.

---

[4] A proposta elaborada pela Secretaria de Estado da Educação de Rondônia (Seduc/RO), a fim de atender às demandas reprimidas, prevê a oferta da etapa do ensino médio da educação básica por meio de aulas transmitidas via satélite e veiculadas em tempo real, proferidas por uma dupla de professores, às comunidades que estão em localidade de difícil acesso – que compreendem áreas rurais e, excepcionalmente, algumas áreas urbanas, onde residem alunos camponeses, indígenas, ribeirinhos e quilombolas. O projeto é desenvolvido por meio de profissionais graduados, efetivos do quadro de servidores da Seduc/RO, com habilidades e atribuições específicas (Seduc, 2016).

[5] Foi deputada estadual, eleita pelo Partido dos Trabalhadores (PT) entre 2011 e 2015.

[6] Esses movimentos se posicionaram contrário ao projeto desde 2014, quando houve a primeira tentativa de instalar o projeto de EMMT em Rondônia.

[7] O Projeto Ensino Médio com Mediação Tecnológica constitui-se na iniciativa que reflete o compromisso do Governo do Estado, por meio da Secretaria de Estado da Educação, em promover o fortalecimento e a expansão do ensino médio, combatendo as desigualdades educacionais por meio da defesa do ensino de qualidade para todos, investindo prioritariamente no atendimento à juventude, objetivando oferecer às comunidades de difícil acesso e com demanda reprimida melhores condições de cidadania, de trabalho e de inclusão social aos estudantes desse segmento populacional. Propõe atender ao ensino médio com metodologia inovadora por meio de transmissão via satélite das aulas ao vivo. Com transmissão em tempo real, as aulas ministradas em estúdio chegam às salas de aulas utilizando a melhor solução tecnológica disponível, em larga escala, no sistema público e para a educação básica.

Apesar de ter colocado um fim no debate na Assembleia Legislativa naquela época, o projeto prosseguiu e, em 2016, por meio da Portaria 680/2016-Gabinete/Secretaria de Educação (Seduc), de 8 de março de 2016, foi implantado com o nome EMMT. Por fim, a Lei 3.846 foi aprovada pelos deputados estaduais no dia 4 de julho de 2016.

O governo do estado de Rondônia[8] explicou que o EMMT tem o objetivo de garantir o acesso ao ensino médio aos alunos que concluíram o ensino fundamental nas escolas rurais e que enfrentavam, "[...] além dos problemas qualitativos, a falta de vagas para atender a demanda, propõe também, atender excepcionalmente a área urbana" (Seduc, 2016, p. 5). Esse modelo de educação mediada pela tecnologia difere do modelo de educação a distância convencional, segundo o qual o aluno acessa o ambiente virtual de onde estiver e tem aulas gravadas ou ao vivo, mas não convive fisicamente com outros alunos.

No modelo de ensino mediado por tecnologia de Rondônia, o aluno deixa sua casa, vai até a escola e, em uma sala de aula física, assiste aulas ministradas ao vivo por um professor ministrante[9] que está em um estúdio. O modelo inclui um professor presencial na sala de aula, para quem os alunos podem fazer perguntas e debater os assuntos abordados na aula, além de contarem também com o professor tutor, que responde às questões via um sistema de chat. A dinâmica em relação à distribuição de aulas no sistema do EMMT em Rondônia está demonstrada na Figura 1.

---

[8] À época da criação do projeto, o governador do estado de Rondônia era Confúcio Moura, do MDB.

[9] Os professores ministrantes são docentes habilitados por áreas de conhecimento da educação básica, especialistas, mestres e doutores em suas especificidades; integram o quadro de funcionários estatutários da Seduc/RO. Em dupla, eles elaboram os planos instrucionais – plano didático, pedagógico, curricular, cronograma de sequência de aula, plano instrucional de atividades extraclasse, plano instrucional de estudo de recuperação, plano das aulas, atividades de sala, avaliações parciais (primeira e segunda chamada), avaliações de recuperação e exame final e seus respectivos gabaritos –, bem como ministram as aulas no estúdio de transmissão ao vivo, via satélite, de forma modular, interagindo com o aluno por meio de chat, em tempo real, orientando o professor presencial.

Figura 1 – Distribuição de aulas via satélite[10]

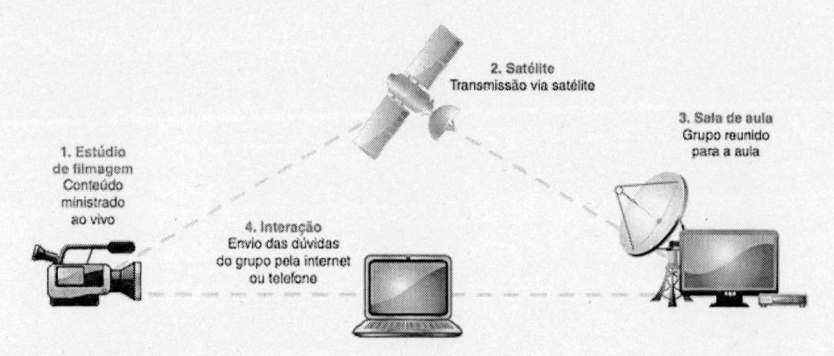

Fonte: Seduc/RO (2016)

Essa política começou a ser implantada em 2015 e foi consolidada em 2016. Já em 2018, teve seus primeiros egressos. Existem poucos estudos que foram realizados acerca dessa abordagem de implantação do ensino médio no Brasil. Assim, esta pesquisa tem como foco analisar a Educação Mediada por Tecnologia da rede estadual de ensino no estado de Rondônia em uma comunidade ribeirinha de difícil acesso. Para tanto, foi escolhida a análise na perspectiva do egresso, pois pretende-se saber como eles foram afetados pelo EMMT.

Nesse sentido, no entendimento de Souza e Menegon (2015), a internet é a principal, e em muitos casos, a única opção que os ribeirinhos têm para se conectar com o mundo e com quem se interessar pelos seus produtos. É o que se extrai do entendimento de Kleine (2013), ao afirmar que as pessoas menos favorecidas, quando têm acesso à tecnologia da informação, passam a ter em suas mãos ferramentas para transformar suas vidas.

Logo, percebe-se que a internet, aliada à convergência de tecnologia, contribui para que comunidades isoladas deixem de receber o adjetivo de *isolada* e se transformem culturalmente, socialmente,

---

[10] A distribuição das aulas via satélite se dá da seguinte forma: a aula é gerada no Centro de Mídias, onde o professor dá aula em um estúdio; é então transmitida via satélite para todas as escolas que estão com receptores conectados por meio de uma antena parabólica. Na escola, os alunos assistem às aulas pela TV e conversam, por meio de chat, com o professor no estúdio.

politicamente e economicamente. Para Kleine (2013), as condições de pessoas menos favorecidas terem acesso a tecnologias é uma realidade que contribui para que, de alguma forma, transformem suas vidas. A autora chega a essa conclusão por meio de um estudo de caso em uma comunidade desfavorecida no Chile, país que lidera, na América do Sul, investimentos em políticas nacionais de Tecnologias de Informação e Comunicação (TICs) e na integração delas com as políticas sociais e econômicas.

Ainda convém lembrar, conforme explana Rabelo (2019), que utilizar as tecnologias na educação para fazer o ensino chegar aos lugares distantes é dever imprescindível na atual conjuntura socioeducacional em nosso país e no mundo, pois a tecnologia aproxima o conhecimento das pessoas cada vez mais, democratizando informações que, no passado, estavam restritas a um pequeno grupo de privilegiados. O corpo docente, por sua vez, entende que o acesso às tecnologias é como um estímulo à pluralidade na hora de ensinar, pois há novas peculiaridades de organização do trabalho e da sociedade, o que leva à ressignificação de noções fundamentais como os próprios conceitos de educação, ensino e aprendizagem.

Atualmente, as TICs têm estado cada vez mais presentes no cotidiano das pessoas, pois vivemos em meio a uma dependência da internet praticamente para tudo. Assim, a educação mediada pela utilização das TICs pode ser pensada e estudada como fonte de transformação social e de inovação para a educação. Dessa forma, Rabelo (2019) afirma que a tecnologia não é boa nem má, pois essa avaliação depende das situações, dos usos e dos pontos de vista; afirma também que ela é tampouco neutra, já que é condicionante ou restritiva, pois de um lado abre e de outro fecha o espectro de possibilidades.

Não se trata de avaliar seus impactos, mas de situar possibilidades de usos, embora, conforme afirma Lévy (2010), enquanto discutimos possíveis usos de uma dada tecnologia, algumas formas de usar já se impuseram, tal a velocidade e renovação com que se apresentam.

Consequentemente, entendemos como tecnologias os produtos das relações estabelecidas entre indivíduos com as ferramentas tecnológicas que têm como resultado a produção e disseminação de informações e conhecimentos.

Nesse novo universo, as instituições defrontam-se com o desafio de trazer para seu contexto as informações presentes nas tecnologias e as próprias ferramentas tecnológicas, articulando-as com os conhecimentos escolares e propiciando a interlocução entre os indivíduos.

É preciso destacar que nos grandes centros se discute quando e como incluir as novas tecnologias em salas de aulas; já para as comunidades ribeirinhas, o uso de tecnologias são vitais para o acesso à Educação. É importante lembrar, como esclarece Freire (1996, p. 22), que "[...] o educador e educando são indivíduos de um processo em que crescem juntos, porque ninguém educa ninguém, e ninguém se educa sozinho. Os homens se educam entre si".

Com a utilização cada vez mais constante das tecnologias na educação, ampliam as possibilidades da educação híbrida que, segundo Bacich, Neto, Trevisani (2015, p. 14), significa "misturado e mesclado", e segundo os autores, a educação sempre teve a característica de combinar "vários espaços, tempos, atividades e metodologias". No tempo de mais conectividade e mobilidade da sociedade, fica mais aparente perceber as mudanças e a utilização da fórmula hibrida na Educação.

> Hibrido é um conceito rico, apropriado e complicado. Tudo pode ser misturado, combinado, e podemos, com os mesmos ingredientes preparar vários "pratos", com sabores muito diferentes. A mistura mais complexa é integrar o que vale a pena aprender, para que e como fazê-lo. O que vale a pena? Que conteúdos, competências e valores escolher em uma sociedade tão multicultural? O que faz sentido aprender em um mundo tão heterogêneo e mutante? (Bacich; Neto; Trevisani, 2015, p. 14).

Para os autores citados, as instituições mais inovadoras procuram deixar aparente algumas características em seu projeto político-pedagógico. Por exemplo: "ênfase no projeto de vida de cada aluno, com orientação de um mentor" (Bacich; Neto; Trevisani, 2015, p. 29). Outra característica apontada é o equilíbrio entre a aprendizagem pessoal e grupal, além de ênfase em valores e competências amplas.

Diante desse cenário, os computadores não são apenas um instrumento que ensina o aluno, mas uma ferramenta com a qual o aluno desenvolve determinada habilidade, seja fora ou dentro da escola. Freire (1996) admite, ainda, que sejam analisados os aspectos pedagógicos ou como ferramenta de diversão e entretenimento.

O tema desta pesquisa foi pensado após eu concluir a dissertação do mestrado, que pesquisou o "uso da internet como promotora de desenvolvimento em lugares de difícil acesso e teve como lócus Calama" (Lubiana; Carniello; Galvão Junior, 2019), um distrito do município de Porto Velho que se localiza na fronteira com o estado do Amazonas e está na margem direita do rio Madeira (Figura 2).

Figura 2 – Calama às margens do rio Madeira

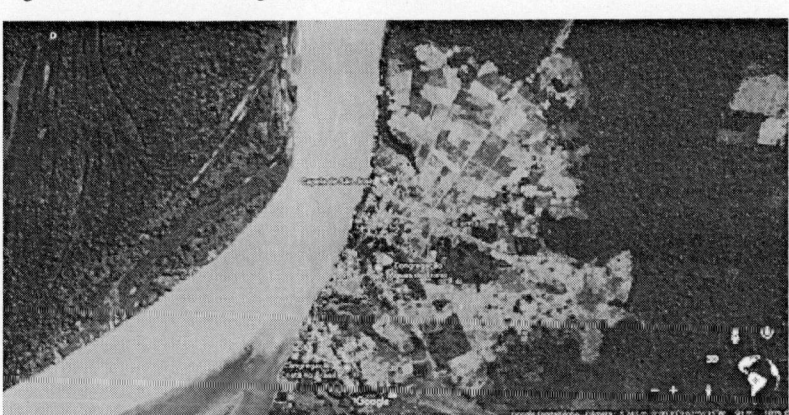

Comunidade de Calama - Porto Velho (RO)

Fonte: foto Google Earth (2018)

O estudo de conclusão do mestrado foi feito em 2017 e 2018. O resultado motivou-me para a continuidade da pesquisa relacionada à educação, mais especificamente a possibilidade de aprofundar-me mais quanto às perspectivas dos alunos que concluíram o Ensino Médio Mediado por Tecnologia. Sou jornalista, nascido em Rondônia, graduado em Comunicação Social e pesquisador na área do desenvolvimento regional com foco em populações tradicionais e ribeirinhas. Nessa área, tornei-me mestre[11], no ano de 2019, em Desenvolvimento e Planejamento Regional, pesquisando a chegada da internet no distrito de Calama. Sou professor de pós-graduação da Faculdade Católica de Rondônia e superintendente de Comunicação Social da prefeitura de Porto Velho. Tecnologia é um tema que me aguça a pesquisar. Talvez por nascer em uma área rural, distante de toda tecnologia que existia em 1981. Quando via um carro, ficava com medo. O primeiro contato com algo tecnológico à época o era o rádio do meu avô. Daí nasceu minha paixão pela comunicação. Era místico e inexplicável quando tinha 5 anos de idade. Eu pude ver o que a tecnologia pode fazer com alguém ou algum lugar. Quando soube que existia em Rondônia um lugar que não tinha automóvel e era privado de boa parte da tecnologia disponível nos grandes centros, decidi estudar e pesquisar nesse local. Ao pesquisar, vi-me em vários rostos de jovens que não tinham saído de Calama, mesmo aos 10 anos de idade. E que só viram automóveis pela televisão, via satélite, que já era uma tecnologia existente em Calama. Já o meu contato com o aparelho de televisão só ocorreu depois dos meus 10 anos de idade e isso selou de vez minha paixão pela comunicação. Decidi que um dia eu entraria dentro daquela caixinha falante. Me formei jornalista e por 15 anos fui radialista e apresentador de televisão. Agora dedico boa parte do meu tempo à pesquisa com foco em educação.

A implantação do Ensino Médio Mediado por Tecnologia (EMMT) no estado de Rondônia, a partir do ano de 2016, teve seus primeiros egressos nos anos de 2018 e 2019. Os impactos

---

[11] A dissertação de mestrado demonstrou que a chegada da internet provocou mudanças econômicas na vida das pessoas que residem no distrito de Calama. O estudo de mestrado centrou esforços no crescimento regional que a internet provocou no lugar. Uma dessas transformações, que se iniciava no período de pesquisa *in loco*, foi que a educação era o desejo dos moradores.

dessa abordagem de ensino não foram ainda avaliados em suas diversas dimensões. Faz-se necessário compreender, pelo olhar dos egressos, se a política educacional cumpriu seus objetivos e se está contribuindo para ajudar a transformar o local de forma a promover seu desenvolvimento. Diante do exposto, a questão norteadora é: quais as apropriações que o EMMT tem proporcionado aos egressos em uma comunidade ribeirinha de difícil acesso na Amazônia?

Há diferenças entre crescimento econômico e desenvolvimento por meio da qualidade de vida, conforme aponta Sen (2000). É possível que uma região tenha bom desempenho econômico, mas que isso não signifique desenvolvimento.

Segundo Kleine (2013), o crescimento econômico está ligado a números econômicos, por exemplo, o Produto Interno Bruno (PIB). O desenvolvimento, por sua vez, está relacionado à qualidade de vida das pessoas. Para Sen (2000), só pode haver desenvolvimento num local se as pessoas que ali vivem forem alcançadas por melhorias em suas vidas. E esta melhoria se conquista, em grande parte, pelo acesso à educação.

É nesse sentido que Kleine (2013) argumenta que o uso das tecnologias é fundamental (às vezes é a única opção) para quem habita em lugares de difícil acesso para estudar. Para a autora, com o acesso à educação chegam outros direitos que podem resultar na melhora da qualidade de vida e, assim, provocar o desenvolvimento local. Direitos, por exemplo, em se manifestar e reivindicar, do poder público, melhorias como na saúde e na própria educação. No entendimento de Sen (2000), o conjunto de direitos civis representa liberdade, e na visão de Kleine (2013), escolhas. Liberdade e escolhas são fatores preponderantes para o desenvolvimento de um lugar.

Dowbor (2006, p. 26) afirma que "[...] a educação não pode se limitar a constituir para cada aluno um tipo de estoque básico de conhecimentos. As pessoas que convivem num território têm de passar a conhecer os problemas comuns, as alternativas, os potenciais".

Para o autor, a escola tem papel de articuladora entre as necessidades do desenvolvimento local e os conhecimentos correspondentes. Nesse sentido, apresento a tese de que a Educação Mediada por Tecnologia, em lugares de difícil acesso, contribui para que existam apropriações que possibilitem escolhas aos egressos ao término do ensino médio.

O objetivo geral desta pesquisa constitui-se em analisar as percepções que a educação mediada por tecnologia provocou nos egressos do ensino médio, em uma comunidade ribeirinha de difícil acesso na Amazônia. Já os específicos são:

a. examinar as possibilidades de escolhas provocadas pela educação mediada por tecnologia na percepção do egresso;

b. verificar quais apropriações que os egressos do ensino médio mediado por tecnologia tiveram em sua vida;

c. investigar a estrutura física para transmissão das aulas disponibilizada pelos órgãos públicos;

d. diagnosticar a política pública de acesso à educação e sua efetividade pelo olhar dos egressos.

Na região Norte do país, a dificuldade em ter professores de todas as matérias, na área rural, além de desafios de locomoção em longas distâncias geográficas e baixa densidade demográfica, fez com que o estado implantasse o EMMTEC. Do ponto de vista científico, esta pesquisa se justifica pelo fato de não existir estudos sobre o tema Educação Mediada por Tecnologia no ensino médio, no viés do egresso. Existem muitos estudos em relação ao uso de TICs na educação ou até mesmo Educação Mediada por Tecnologia, mas não há registros de estudos que analisem, de forma profunda, as contribuições desse tipo de educação em comunidade ribeirinha de difícil acesso, na Amazônia brasileira, e que coloque o egresso como foco da pesquisa. Assim, um estudo que permita a investigação e análise, na perspectiva do alunado que recebeu o ensino médio pelo projeto EMMT, será significativo a fim de saber os impactos desse projeto aos moradores desse local.

As novas tecnologias são capazes de conectar pessoas de pontos isolados com o mundo, como se fosse uma grande rede, como afirma Castells (2005), e vão ao encontro de alunos e professores, que não são atores passivos. Por esse motivo, justifica-se analisar as tecnologias em locais de difícil acesso, bem como investigar como se comportam os alunos atingidos pela educação mediada por tecnologia.

Porém, é importante destacar que a conexão com essa grande rede está em constante evolução e se dá por diversos meios. Moura (2012) afirma que o acesso aos conteúdos multimídia não ocorre apenas pelo computador pessoal, mas se estendeu por tecnologias móveis.

A internet chegou ao distrito em 2017 e está provocando uma maior integração entre o local isolado e o mundo. A internet, nesse pouco tempo, potencializou as relações comunicacionais entre as pessoas e alguns negócios locais, tornando-os mais globais. É o caso, por exemplo, da venda de castanha e outras produções locais, como afirmam Lubiana, Carniello e Galvão Junior (2019).

Porém, é na área da Educação que poderá ocorrer, ou pode estar ocorrendo, a maior transformação do local. Antes da chegada da internet, as pessoas não conseguiam avançar em seus estudos. Com o uso das TICs, os nativos na região podem estudar no local por meio de aulas a distância, via satélite, desde 2017, e a partir de 2019, chegou o EaD via internet para a educação superior por iniciativa de instituições privadas.

Há apenas uma única escola estadual no distrito de Calama (denominada General Osório), município de Porto Velho. Essa escola aderiu, desde 2016, ao ensino mediado por tecnologia, instituído pelo governo de Rondônia por meio da Lei 3.846, de 4 de julho de 2016. Foi apresentado como justificativa do projeto a dificuldade de levar o ensino-aprendizagem aos ribeirinhos de difícil acesso, aos quilombolas, às aldeias indígenas, aos garimpos e às unidades de conservação ambiental. De acordo com a Secretaria Estadual de Educação, 1.214 alunos se formaram em 2018 no estado de Rondônia.

Os alunos de Calama fizeram o curso Técnico em Cooperativismo Concomitante ao Ensino Médio[12], o que lhes dá a opção de continuar residindo em sua comunidade ou mudar de lugar para continuar seus estudos. Consta-se que esse modelo de ensino médio, concomitante ao ensino técnico-profissional, já ocorreu no início do século XIX com a preocupação da sociedade dominante, da época, em relação à classe operária que precisava ser preparada para o trabalho operário. Segundo Moura (2010), no final do século XIX e início do século XX são realizados esforços públicos para a formação profissional. Essa preparação tem o caráter assistencialista, dado a órfãos e também à necessidade de atender ao mercado de trabalho. O autor aponta que em 1930 é criado o ministério da Educação e Saúde Pública. Moura (2010, p. 877) afirma, ainda, que

> [...] nesta época é divulgado o Manifesto dos Pioneiros da Educação[13] que defendia a educação democrática e para todos e idealiza duas grandes categorias. A primeira, atividades de humanidades e ciências e a segunda, o caráter técnico do ensino voltado para a natureza mecânica e manual.

---

[12] O curso Técnico em Cooperativismo Concomitante ao Ensino Médio é uma modalidade de formação técnica na educação a distância com matrícula dupla para cada aluno – uma relativa ao ensino médio público, outra à formação profissional específica, com duração de dois anos, ofertada pelo Instituto Federal de Educação, Ciência e Tecnologia de Rondônia – Campus Porto Velho Zona Norte, de forma concomitante aos alunos do Projeto Ensino Médio com Mediação Tecnológica da Seduc/RO. O Curso Técnico em Cooperativismo faz parte da área de Gestão de Negócios. Seu objetivo é promover a formação do profissional que planeja e executa processos cooperativos em diversos cenários da agricultura e da pecuária do estado de Rondônia, com o conhecimento da realidade local, e contribuir de modo significativo para melhorar a vida no campo, potencializando o desenvolvimento econômico da região por meio do desenvolvimento de cooperativas. A Resolução n.º 10/CEPEX/IFRO, de 21 de novembro de 2016, que dispõe sobre o projeto pedagógico do curso, discrimina a estrutura pedagógica que o compõe.

[13] O "Manifesto dos Pioneiros da Educação Nova" consolidava a visão de um segmento da elite intelectual que, embora com diferentes posições ideológicas, vislumbrava a possibilidade de interferir na organização da sociedade brasileira do ponto de vista da educação. Ao ser lançado, em meio ao processo de reordenação política resultante da Revolução de 30, o documento se tornou o marco inaugural do projeto de renovação educacional do país. Além de constatar a desorganização do aparelho escolar, propunha que o Estado organizasse um plano geral de educação e defendia a bandeira de uma escola única, pública, laica, obrigatória e gratuita.

Assim, a Educação assume sua dualidade entre o ensino intelectual e o ensino técnico profissional. Com a Lei de Diretrizes e Bases da Educação Nacional (LDB)[14], ficaram especificadas as três modalidades de Educação Profissional: de formação inicial e continuada; técnica de nível médio e tecnológica de graduação e pós-graduação.

No caso de Calama, foi ofertado o ensino profissional técnico de nível médio em cooperativismo. De acordo com o PNAD[15] (2019), em 2014 havia 9 milhões de estudantes no ensino médio, e destes, 812 mil frequentavam curso técnico de nível médio, o que corresponde a 9% do total de estudantes. Na região Norte, esse percentual cai para 4,5% no mesmo ano pesquisado. Para incentivar os jovens que estudavam o curso técnico, o Governo Federal criou em 2011 o Programa Nacional de Acesso Ensino Técnico e Emprego (Pronatec)[16], por meio da Lei 12.513 de 26 de outubro de 2011. O programa previa a implantação de vagas, a expansão da rede de cursos de educação profissional e a oferta de Bolsa-Formação.

Diante do exposto, este livro foi organizado em cinco capítulos. Inicia-se com a introdução. O primeiro capítulo é destinado à apresentação dos procedimentos e percursos metodológicos. No segundo capítulo está a revisão de literatura. No terceiro capítulo

---

[14] A LDB é a mais importante lei brasileira referente à educação. Essa lei foi aprovada em 20 dezembro de 1996 com o número 9394/96, foi criada para garantir o direito a toda população de ter acesso à educação gratuita e de qualidade, para valorizar os profissionais da educação, estabelecer o dever da União, dos estados e dos municípios com a educação pública.

[15] O sistema de pesquisas domiciliares, implantado no Brasil com a criação da Pesquisa Nacional por Amostra de Domicílios (PNAD), tem como finalidade a produção de informações básicas para o estudo do desenvolvimento socioeconômico do país. A PNAD Contínua é uma pesquisa domiciliar que produz informações básicas para o mesmo estudo socioeconômico. Fornecem, por exemplo, informações detalhadas sobre a ocupação e desocupação no mercado de trabalho, que estão entre os principais indicadores sobre o desempenho da economia brasileira.

[16] O Pronatec oferta voluntária é uma iniciativa do Ministério da Educação em que instituições de ensino privada de educação profissional e tecnológica ofertam vagas para os seus cursos de forma voluntária, sem o recebimento de recursos por parte do MEC. O Programa Nacional de Acesso ao Ensino Técnico e Emprego (Pronatec) foi criado pelo Governo Federal em 2011, por meio da Lei n.º 12.513, com a finalidade de ampliar a oferta de cursos de Educação Profissional e Tecnológica (EPT), por meio de programas, projetos e ações de assistência técnica e financeira.

são apresentados os fundamentos teóricos que norteiam a pesquisa. No quarto capítulo é apresentado o ensino médio com mediação tecnológica em Rondônia, e no quinto, são apresentados e analisados os resultados obtidos. Finaliza-se com as considerações finais.

1

CAMINHOS PERCORRIDOS PARA CHEGAR AOS ACHADOS

> *[...] a mediação tecnológica se espessa cada dia mais, ao transformar nossa relação com o mundo, mas essa mudança não remete só a técnica, faz parte do processo muito maior e profundo de racionalização do mundo que, segundo Max Weber, constitui o núcleo mais duro e secreto do movimento da modernidade.*
>
> (Martín-Barbero, 2002)

Esta pesquisa tem o seu tema inserido nos estudos que articulam as temáticas da tecnologia e da educação. Caracteriza-se por ser de abordagem qualitativa e natureza básica, o que permitiu o aprofundamento da compreensão de um grupo social ou organização (Gerhardt; Silveira, 2009). O estudo foi exploratório e envolveu levantamento bibliográfico e entrevistas com pessoas (Gil, 2007) e descritiva, já que descreveu fatos e fenômenos do distrito de Calama obtidos por meio de entrevistas. Por fim, esta é uma pesquisa de campo aplicada *ex-pos-facto*[17], pois investiga alunos que já concluíram o ensino médio. Para Fonseca (2002, p. 38), o objetivo da pesquisa *ex-pos-facto* é analisar as "[...] possíveis relações de causa e efeito entre um determinado fato identificado pelo pesquisador e um fenômeno que ocorre posteriormente". Este estudo também recorreu à pesquisa documental.

Por este capítulo será possível compreender a abordagem teórico-metodológica percorrida pela pesquisa, além de expor a contextualização do local pesquisado e os procedimentos de coleta

---

[17] O estudo de corte, no qual um grupo de pessoas compartilha de uma característica em comum, é um exemplo de pesquisa *ex-post-facto*. Nesse tipo de estudo, a amostra é acompanhada por certo período para medir as relações de causa e efeito entre o fenômeno ocorrido e seus impactos.

e análise dos dados. Portanto, este estudo foi realizado sob a linha de pesquisa "Políticas para a educação básica e superior", do Programa de Pós-Graduação em Educação da Universidade de do Vale do Itajaí.

Todo estudo está voltado para a percepção do egresso da escola estadual de Calama, em Porto Velho, Rondônia. Nesse sentido, foi realizada uma pesquisa de campo com enfoque qualitativo, por meio de entrevistas com questionário com perguntas abertas e fechadas, por essa ser uma modalidade que visa entender os fenômenos humanos. O enfoque qualitativo permite buscar responder questões particulares por trabalhar com um universo de significados, aspectos da realidade e atitudes.

Figura 3 – Distrito de Calama ao entardecer

Fonte: foto tirada pelo autor (2021)

Para Knechtel (2014), os estudos qualitativos centram-se no significado dos fenômenos e nos processos sociais. Nesse sentido, Sampieri, Collado e Lucio (2013) apontam que a pesquisa qualitativa proporciona profundidade aos dados e riqueza interpretativa. Os autores afirmam ainda que a abordagem qualitativa permite boa contextualização do ambiente ou entorno e é empregada em disciplinas humanísticas.

A abordagem qualitativa foi utilizada na análise da pesquisa documental (por exemplo, na leitura da lei de criação do EMMT). Da mesma forma, ocorreu na análise dos dados da pesquisa de campo realizada com os oito egressos participantes. Assim, foi possível observar as percepções dos jovens em relação ao programa EMMT e como isso estava evidenciado no dia a dia deles após a conclusão do ensino médio.

Para o desenvolvimento da pesquisa, foi necessário entrevistar os egressos em Calama. O local tem como uma das características a convivência, onde todos se conhecem, como mostra a Figura 3. Essa pesquisa foi a principal fonte de dados coletados *in loco*. Para tal, foi desenvolvido um roteiro com perguntas abertas e fechadas para entrevistas aplicadas tanto para os residentes de Calama, quanto para os que saíram da cidade, sendo a entrevista feita verbalmente pelo pesquisador, que registrou as respostas – quando a distância, apenas o que se modificou foi o meio de entrevistar (on-line).

Para isso, foi necessária a autorização da Secretaria Estadual de Educação. Com o aval por parte da secretaria, foi realizada a localização dos alunos. Entre os egressos, a abordagem foi aleatória e por acessibilidade, dentro dos dois grupos definidos.

Um grupo é formado pelos que concluíram o ensino médio e continuam residindo em Calama, e o outro grupo, pelos que se mudaram de Calama após a conclusão do curso. Dentre eles, há ainda o critério do ano de formatura e o sexo, compondo, dessa forma, a amostra mínima.

Em ambos os grupos, foram entrevistados pelo menos um egresso que não concluiu os estudos com as aulas ao vivo, isso porque no ano de 2019 as aulas foram as mesmas exibidas e gravadas em 2018. Os egressos que residem em Calama foram abordados pessoalmente pelo pesquisador e convidados a responder a pesquisa.

1.1 Delimitação do campo e participantes da pesquisa

Como já apontamos, o estudo se concentra no distrito de Calama, município de Porto Velho – RO. A escolha do lugar se dá por ser o lugarejo mais distante da capital do estado, onde funciona uma escola de nível médio, General Osório, na qual os alunos estudam por meio do projeto Ensino Médio Mediado por Tecnologia do governo do estado de Rondônia.

Figura 4 – Distrito de Calama, à beira do rio Madeira

Fonte: foto tirada pelo autor (2021)

Apenas os egressos do ensino médio no ano de 2018 e 2019 foram alvos da pesquisa, em um total de oito alunos dos 25 egressos desse período, grupo subdivido entre os que terminaram os estudos e deixaram o lugarejo e outros que continuam residindo em Calama. São quatro entrevistados de cada ano, 50% de cada sexo e todos maiores de 18 anos.

O estudo ainda visa verificar, na percepção dos egressos, a estrutura disponibilizada para eles durante o ensino médio e comparar com o que está descrito na Política Pública que balizou o projeto. Não foi avaliado o desempenho escolar do aluno, e sim a sua percepção em relação às aulas mediadas por tecnologia.

Essa definição de critérios para a escolha dos pesquisados é importante, pois deve-se considerar o grau de representatividade entre os sujeitos e o objeto investigado. Segundo Duarte (2002), esses sujeitos interferem diretamente na qualidade das informações a partir das quais será possível construir a análise ampla do problema apontado.

1.2 Coleta de dados

Foi elaborado um roteiro para a entrevista com 34 perguntas abertas e fechadas, que foram aplicadas para oito egressos de 2018 e 2019. O questionário foi submetido ao Conselho de Ética e Pesquisa e foi aprovado sob o parecer número 4.314.294, publicado no dia 1 de outubro de 2020. Para a eficácia da pesquisa, foi realizado um piloto, procedimento necessário, uma vez que o local é de difícil acesso. Esse piloto foi feito com um egresso escolhido aleatoriamente e que residia na cidade de Porto Velho. Após a validação do questionário, iniciou-se a fase de coletas de dados.

Primeiro foi realizada a entrevista com os egressos que residem em Calama. Duas entrevistas foram realizadas no pátio de uma pousada localizada de frente para o rio Madeira, no dia 7 de novembro de 2020. O lugar é pacato e transcorreu tudo de forma tranquila. Outras duas entrevistas foram realizadas na praça, na frente da igreja Matriz, que também está num lugar privilegiado pela visão que proporciona do rio Madeira. Destaco que em Calama não há automóveis, nem existe rua, apenas calçada para trânsito de pessoas a pé, portanto, o dia a dia é muito calmo. O movimento que mais chama atenção é o de rebocadores de grandes embarcações que sobem e descem o rio com transporte de grãos e outros produtores entre Porto Velho e Manaus (Figura 5).

Figura 5 – Balsas fazendo o transporte de cargas pelo rio Madeira

Fonte: foto tirada pelo autor (2021)

Já a entrevista com os egressos que deixaram a localidade ocorreu de forma remota, por meio de ferramentas como Skype e Google Meet. As entrevistas foram gravadas em dois dispositivos: um smartphone e um notebook.

A entrevista foi dividida em três categorias: a primeira categoria faz referências às questões sociodemográficas do entrevistado; a segunda está relacionada às condições e à caracterização do acesso às TICs; e por último, focaliza-se a formação que o entrevistado teve no ensino médio.

Argumentam Prodanov e Freitas (2013) que a intenção com a entrevista é obter informações, que podem ser padronizadas ou não, de um entrevistado sobre um determinado assunto. Isso quer dizer que pode ser estruturada ou, como é o caso da entrevista aplicada para esta pesquisa, semiestruturadas.

Esse modelo foi adotado a partir da perspectiva de que a pesquisa qualitativa com perguntas semiestruturadas oferece flexibilidade, uma vez que, ao depender da resposta do entrevistado, é possível a inserção de novas perguntas para obter mais esclarecimentos. "Fazer emergir informações de forma mais livre e as respostas não estão condicionadas a uma padronização de alternativas" (Manzini, 2015, p. 2).

Para Yin (2015, a fase de coletas de dados precisa ser bem planejada por ser uma etapa complexa.

Foram excluídos egressos menores de 18 anos, assim como aqueles que apresentem alguma deficiência e que não tenham autonomia e precisem de autorização de tutor. Também foram excluídos egressos que não tenham estudado o ensino médio por meio de mediação tecnológica. A seguir, apresento na Tabela 1 os entrevistados.

Tabela 1 – Categoria dos entrevistados

👥 CATEGORIA DOS ENTREVISTADOS

ENTREVISTADO	RESIDE EM CALAMA	CONCLUIU TODAS AS AULAS AO VIVO
EG-1	SIM	SIM
EG-2	NÃO	SIM
EG-3	NÃO	SIM
EG-4	SIM	NÃO
EG-5	SIM	SIM
EG-6	NÃO	NÃO
EG-7	SIM	SIM
EG-8	NÃO	NÃO

Fonte: elaborado pelo autor (2021)

Antes de iniciar as perguntas, sempre apresentei primeiro, formalmente, o documento "Termo de Consentimento Livre Esclarecido" (TCLE), quando é apresentado o objetivo da pesquisa. Também é nesse momento que é assegurado ao participante o sigilo de suas identidades. O termo foi entregue a cada participante e colhida a assinatura. Quem foi entrevistado de forma remota pelo Skype ou Google Meet deu ciência de forma eletrônica.

Também foi realizada a pesquisa documental com o objetivo de analisar as Políticas Públicas de inclusão na Educação que constam no projeto aprovado em 2016, na Assembleia Legislativa de Rondônia, e comparar com o olhar que os egressos apresentaram. A pesquisa documental se fez necessária para verificar as informações de implantação do projeto EMMTC no estado e acessar os egressos da escola estadual do distrito de Calama.

Segundo Martins (2008), a pesquisa documental permite ampliar as evidências coletadas, bem como o ambiente a ser pesquisado. Essa pesquisa também potencializa a credibilidade dos achados. Esses levantamentos foram feitos na base de dados da Assembleia Legislativa de Rondônia, Secretaria Estadual de Educação e também nos portais do Ministério da Educação. Também foram solicitados documentos para a direção da escola General Osório, em Calama.

1.3 Análise de dados

A análise dos dados foi promovida por meio da organização de categorias temáticas e ponderadas à luz dos escritos que compõem a estrutura teórico e metodológico da pesquisa. Para Davidson e Digregorio (2007), a análise dos dados se inicia durante a própria coleta de dados, pois essas duas etapas estão ligadas. A análise de dados foi baseada em dados extraídos a partir das entrevistas por meio da análise de conteúdo.

Essa técnica de análise de dados tem como foco principal "o desvendar crítico", como afirma Bardin (2011), para quem a análise de conteúdo é um recurso metodológico sempre em aperfeiçoamento. Há diferentes funções em relação a esse método, sendo uma delas a heurística, que se caracteriza pela "análise do conteúdo e enriquecendo a tentativa exploratória" (p. 77).

Este estudo foi apoiado nos ensinamentos de Bardin (2011), no sentido de se utilizar do método de categorias: "Assim é possível aplicar a classificação dos componentes do significado da mensagem como se fossem gavetas" (p. 78). Nesse sentido, foram realizadas análises e cruzamentos dos dados relacionados aos objetivos com os resultados da entrevista demográfica, com o intuito de saber as particularidades ou tendências encontradas na pesquisa com os entrevistados.

Apresentamos as categorias definidas para elaborar a entrevista e as categorias que mais apareceram na resposta dos egressos. Na Figura 6, acima estão as categorias inseridas no questionário que serviu de base para as entrevistas. E abaixo estão as categorias identificadas no início da análise dos dados, após as entrevistas.

Figura 6 – Categorias para análise dos dados

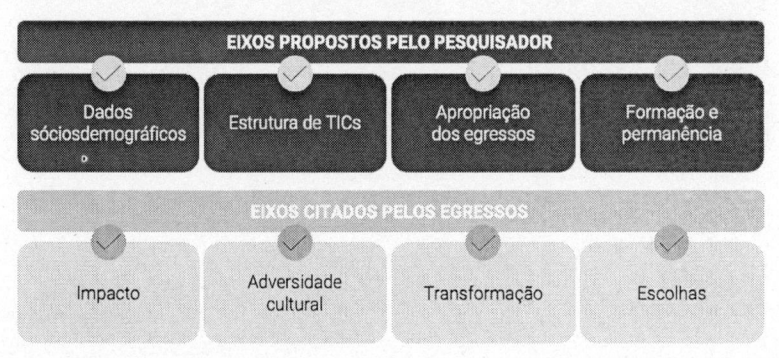

Fonte: elaborada pelo autor (2021)

O capítulo de análise de dados seguiu a dinâmica de apresentar os resultados por categorias e na sequência de cada categoria apresentada, fazendo as análises entrelaçando o resultado com o que dizem os autores que referenciam este estudo.

Para o desenvolvimento da análise dos dados, este estudo recorre à teoria da complexidade sustentada por Morin, filósofo contemporâneo que contribui para várias áreas do conhecimento.

O autor argumenta que a fragmentação do saber deixa transparecer lacunas que "[...] não oferecem uma abordagem de ligação entre áreas, limitando a aprendizagem dos envolvidos no processo de ensino" (Morin, 1999, p. 15). No entendimento do autor, o essencial na abordagem da complexidade é o entendimento de que "[...] o todo necessita das partes, assim como as partes necessitam do todo para que ocorra a efetivação de ambas".

É nesse sentido que a análise dos dados é complexa, já que, para atender aos objetivos desta pesquisa, não se deve analisar apenas se os alunos agregaram conhecimento repassado pelos professores do EMMT na aprendizagem, mas sim o impacto que esses egressos tiveram quando foram atingidos pelas tecnologias, estando em um lugar que os privava de acompanhar a evolu-ção tecnológica que viviam as pessoas que residem nos grandes centros urbanos. Cabe olhar para a convergência entre ciência, tecnologia, sociedade, ser humano e planeta para assim concluir se o EMMT foi capaz de provocar transformações na vida dos egressos pesquisados.

Para a elaboração deste estudo, foi realizada uma pesquisa em relação aos estudos já desenvolvidos sobre a temática. Essa ação se faz necessária para atender aos objetivos desta pesquisa. Após descrever o resultado, será apresentada a lacuna existente, por onde esta pesquisa concentrou esforços para chegar ao resultado final. Morosini (2012, p. 101), diz:

> [...] que o estado do conhecimento é identificação, registro, categorização que levem reflexão e síntese sobre a produção cientifica de uma determinada área, ou determinado espaço de tempo, congregando periódicos, teses, dissertações e livros sobre uma temática específica.

Faz-se necessário saber a quantidade de estudos que vem sendo produzido sobre o assunto. "Os estudos realizados a partir de uma sistematização de dados, denominada 'estado do conhecimento', recebem esta denominação quando abrangem toda uma área do conhecimento, nos diferentes aspectos que geraram produções" (Ludke, 1984). O estado do conhecimento contribui para o processo da evolução da ciência, afirma Ludke (1986), pois ele permite continuar a jornada de pesquisas e seguindo em frente. A Figura 7 mostra o percurso para a realização desse tipo de estudo.

Nesse sentido, este estudo percorreu o caminho de definir o tema central, no caso a Educação Mediada por Tecnologia. Buscou o corpus – os egressos do ensino médio que estudaram por meio da mediação tecnológica. Definiu como lócus uma escola de uma comunidade ribeirinha de difícil acesso, no caso específico o distrito de Calama. Passou por leituras em relação ao tema central e temas correlatos. Seleção das categorias para definição do questionário de pesquisa. E por fim, análise, interpretação e sistematização dos dados obtidos.

Figura 7 – Percurso para a realização do estado do conhecimento

| 1 Escolha das palavras-chave | 2 Escolha dos setores de publicação | 3 Definição de recorte temporal | 4 Busca de corpus |
| 5 Pré-seleção – leitura flutuante de título de trabalhos encontrados | 6 Seleção final: organização dos trabalhos selecionados em tabela | 7 Análise dos corpus: descrição e interpretação | 8 Estado da arte |

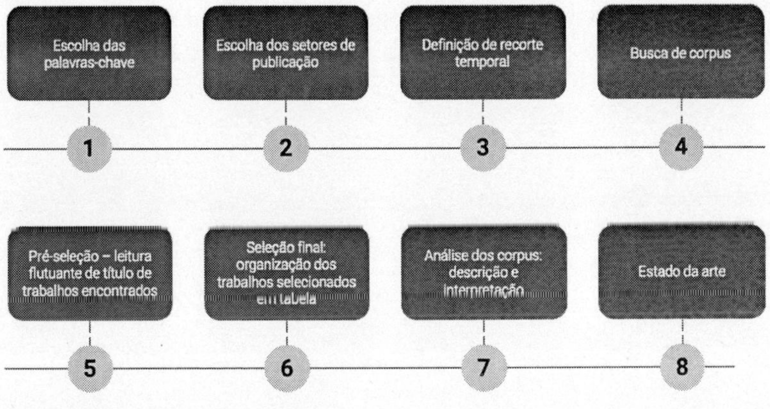

Fonte: elaborado pelo autor (2021)

Foram escolhidas duas bases de dados para revisão de literatura desta pesquisa. A busca se deu por teses e dissertações sobre o objeto de estudo. Com isso, foi realizado, junto ao Banco de Teses e Dissertações da Coordenação de Aperfeiçoamento de Pessoal de

Nível Superior (Capes)[18], levantamento de teses e dissertações, em que se decidiu por um recorte temporal dos últimos dez anos, ou seja, entre os anos de 2010 a 2020. O mesmo aconteceu com o Portal de Periódicos da Capes.[19] O recorte se deu em dez anos por coincidir com o surgimento de novas tecnologias em Calama.

A pesquisa por trabalhos com o descritor "educação mediada por tecnologia" apresentou resultado exagerado. Assim, foram aplicados outros filtros que coincidem com as especificidades deste estudo, e aí se verificaram poucos trabalhos realizados em comunidades ribeirinhas da Amazônia. A busca foi por trabalhos de teses e dissertações, entre os anos de 2010 e 2020, tendo como filtro as ciências humanas na grande área do conhecimento e a educação como área de concentração. A Tabela 2 traz os descritores, as teses, as dissertações e o total de trabalhos encontrados.

Tabela 2 – Demonstrativo do total de trabalhados encontrados e os descritores usados para a pesquisa

N° DESCRITORES PARA PESQUISA	1 Educação Mediada por Tecnologia	2 Educação Mediada por tecnologia na Amazônia	3 Ensino Médio Mediado por Tecnologia	4 Educação Mediada por tecnologia em uma comunidade de difícil acesso na Amazônia	TOTAL GERAL
Teses	4.345	4.401	1	4	8.751
Dissertações	10.725	10.836	14	14	21.589
Trabalhos encontrados	15.350	15.522	15	18	30.905

Fonte: elaborado pelo autor (2020), usando como base a BDTD entre os anos 2010-2020

[18] A Biblioteca Brasileira Digital de Teses e Dissertações (BDTD) da Capes é uma plataforma que tem como objetivo facilitar o acesso a informações sobre teses e dissertações defendidas junto a programas de pós-graduação do país, além de disponibilizar informações estatísticas acerca desse tipo de produção intelectual, e faz parte do Portal de Periódicos da Instituição.

[19] A Capes é uma biblioteca virtual, que reúne conteúdo de alta qualidade, assinado com editores e associações científicas internacionais. A finalidade do Portal de Periódicos é reduzir as desigualdades regionais no acesso à ciência.

Os descritores 1 e 2 refletem uma busca ampla sobre o tema desta pesquisa, com 30.872 trabalhos encontrados, sendo 21.561 dissertações e 8.746 teses. Para refinar melhor a busca, foi usado o descritor 3, "Ensino Médio Mediado por Tecnologia", e 4, "Educação Mediada por tecnologia em uma comunidade de difícil acesso na Amazônia", com os mesmos filtros aplicados nos anteriores, e o resultado foi apenas uma tese encontrada para o descritor 3 e quatro teses para o descritor de número 4. Porém, nenhuma dessas teses traz o Ensino Médio Mediado por Tecnologia no viés do egresso. Das quatro teses, duas tem como protagonista os professores, focando muito mais nos desafios da profissão. Outras duas abordam o ensino superior mediado por tecnologia. Sendo assim, não foi encontrado nenhum estudo que tem como centro o egresso. Em relação ao descritor 3, nenhum dos achados tem relação com o ensino em comunidades ribeirinhas e nenhum deles coloca o egresso como objeto de pesquisa.

A Tabela 3 mostra a quantidade de estudos analisados, os autores, os títulos, o ano que a pesquisa foi publicada e a instituição.

Tabela 3 – Levantamento do estado do conhecimento – síntese

Nº - Tipo	Autor	Título	Ano	Instituição
Tese	Gizele Geralda Parreira	O sentido da educação em Martin Buber (Única tese com esse descritor)	2010	Pontifícia Universidade Católica de Goiás
Tese	Michelle Prazeres	A moderna socialização escolar: um estudo sobre a construção da crença nas tecnologias digitais e seus efeitos para o campo da educação	2013	Universidade de São Paulo
Dissertação	Inez Rodrigues Rosa	Práticas de Comunicação na Internet de jovens no Orkut	2011	Pontifícia Universidade Católica de Goiás
Tese	Lincoln Tavares Silva	Sentidos da relação escola comunidade: permanências e potencialidades	2012	Universidade de São Paulo

Fonte: elaborado pelo autor (2019), com base no Catálogo Teses e Dissertações da Capes, 2010-2020

Dos trabalhos apresentados anteriormente, foi feita a leitura do resumo de cada um e verificou-se que em nenhum trabalho está presente o estudo da educação mediada para ribeirinhos na Amazônia.

Também se verificou que nenhum dos trabalhos aborda as contribuições da educação mediada por tecnologia para populações de difícil acesso, na perspectiva dos egressos, como é o objeto desta obra.

Quanto às buscas dos trabalhos relacionados ao descritor "Ensino Médio Mediado por Tecnologia", o que se encontrou foram pesquisas com objetivo de analisar o Ensino Médio Mediado por Tecnologia em si, ou as políticas para a formação dos professores que estavam no contexto dos programas. Em nenhum dos estudos se verificou a investigação a partir do aluno atingido pelo EMMT.

Assim, justifica-se a relevância desta obra, pois não foram encontrados materiais bibliográficos que coincidam com os objetivos desta pesquisa.

2

FUNDAMENTAÇÃO TEÓRICA

Se a educação sozinha não transforma a sociedade, sem ela
tampouco a sociedade muda.
(Paulo Freire, 1996)

Este capítulo apresenta as principais transformações que a Educação tem passado com o surgimento das TICs na educação. Para Castells (2005), o surgimento da internet provocou mudanças em muitos hábitos do nosso cotidiano. Essas alterações vêm ocorrendo de forma mais acelerada no decorrer dos últimos anos. Para Bufalo (2018), essa é a geração App, ou seja, estamos no tempo dos aplicativos. Isso faz com que a sociedade esteja o tempo todo conectada, inclusive nas salas de aulas.

2.1 Os desafios da educação com as novas tecnologias digitais

A Educação sofreu ao longo da história transformações provocadas pelo surgimento de novas tecnologias. Para Mattos e Barbosa (2015, p. 2), a Educação a Distância teve três ciclos: "[...] o da correspondência, o de novas mídias e o on-line com o surgimento da internet".

Corrobora com o exposto Barros (2003), afirmando que foi em Boston (EUA), ainda no século XVIII, os primeiros registros de EaD, porém sem recursos tecnológicos avançados, já que na época eram utilizadas as correspondências. Segundo o autor, esse modelo se espalhou para a Europa e América Latina. No Brasil, uma das primeiras experiências utilizando a tecnologia da comunicação na educação foi em 1939 com a criação do Instituto Rádio-Técnico

Monitor[20], cujo objetivo foi moldar o trabalho de técnicos (Nunes, 1992), conforme apresentada na Figura 8 a seguir, denominada de linha do tempo do EaD no Brasil. De acordo com o autor, em 1941 é criado o Instituto Universal Brasileiro, que se utiliza das correspondências para promover o ensino técnico.

Ainda no rádio, já em 1973, é criado o Projeto Minerva[21], mais voltado ao público operário e de baixa renda. Nesse mesmo período, surge mais um projeto que se utiliza da tecnologia a favor da educação. Trata-se do Projeto Sistema Avançado de Comunicações Interdisciplinares (Saci)[22]. Quando a televisão já estava em expansão pelo Brasil, em 1977 é criado o Telecurso[23] segundo grau, iniciativa da Fundação Padre Anchieta[24] e Fundação Roberto Marinho[25], e em 1979 é criada a Fundação Centro Brasileiro de Televisão Educativa, como narra Nunes (1992).

De acordo com Barros (2003), para formação de professores, usando a tecnologia, aparece em 1984, em São Paulo, o Projeto Ipê[26]. Já em 1995, é criada Secretaria de Educação a Distância do Ministério

---

[20] O Instituto Monitor é a escola pioneira no Brasil a desenvolver a Educação a Distância (EaD) como modalidade de estudo. Tudo começou quando o imigrante húngaro Nicolás Goldberger, aportando no Brasil, trouxe seu conhecimento técnico em eletrônica e resolveu instalar um pequeno negócio na região central de São Paulo em outubro de 1939.

[21] O **Projeto Minerva** foi um programa de rádio brasileiro elaborado pelo Governo Federal e que teve por finalidade educar pessoas adultas. O programa entrou no ar pela primeira vez no dia 4 de outubro de 1970. O objetivo era solucionar os problemas educacionais com a implantação de uma cadeia de rádio e televisão educativas para a massa, utilizando métodos e instrumentos não convencionais de ensino. Como tudo era controlado, o governo determinou horários obrigatórios para a transmissão de programas educativos.

[22] O **Projeto Saci**, idealizado pelo doutor Fernando Mendonça, diretor geral do INPE, pretendia experimentar o uso de satélites em educação, transmitindo programas de rádio e televisão para escolas de 1º grau, escolhidas aleatoriamente entre todas as escolas municipais e estaduais do Rio Grande do Norte.

[23] O **Telecurso 2º Grau** foi criado em 1977 com uma parceria entre a Fundação Padre Anchieta – mantenedora da TV Cultura – e a Fundação Roberto Marinho (TV Globo). A Rede Globo também exibia os cursos. Em 1981 foi criado o **Telecurso 1º Grau**. [...]. Junto com ele também foi criado o **Telecurso 2000** Profissionalizante.

[24] A **Fundação Padre Anchieta** é uma fundação brasileira que desenvolve atividades de radiodifusão pública e educativa, sediada em São Paulo.

[25] A **Fundação Roberto Marinho** é uma casa de parcerias com instituições públicas e privadas, com quem forma uma rede de cooperação em prol da educação. A escola da Fundação Roberto Marinho inclui estudantes que estão fora da escola ou não conseguiram desenvolver seus estudos na idade certa.

[26] Projeto de ensino a distância criado em 1984 com a parceria entre a Secretaria da Educação do Estado de São Paulo e a Fundação Padre Anchieta para produção e distribuição de cursos de atualização de professores de 1º e 2º graus através de programas na TV Cultura. O **Projeto Ipê** capacitou mais de 400 mil alfabetizadores do estado de São Paulo, de 1984 a 1992, e foi um dos precursores do TV Escola.

da Educação, que desenvolve, via TV Escola[27], mais um projeto de formação de professores pela televisão. É na década de 1990 que o Brasil passa a ter um canal exclusivo com conteúdo educativo.

Figura 8 – Linha do tempo do Ensino a Distância no Brasil

LINHA DO TEMPO DO ENSINO A DISTÂNCIA NO BRASIL

1939	É criado o Instituto Rádio-Técnico Monitor	**1995**	É criada Secretaria de Educação à Distância do Ministério da Educação
1941	É criado o Instituto Universal Brasileiro	**1996**	É criada a Lei de Diretrizes e Bases da Educação Nacional (LDB) – Lei 9.394
1973	É criado o projeto Minerva	**2000**	É criada a UniRede de Formação a Distância
1979	É criada a Fundação Centro Brasileiro de Televisão Educativa	**2005**	É criada a Universidade Aberta do Brasil
1984	É criado em São Paulo o projeto Ipê	**2008**	É permitido por lei o Ensino Médio a distância

Fonte: elaborado pelo autor (2021)

Segundo Barros (2003), a iniciativa mais conhecida no Brasil, no primeiro ciclo, é a do Instituto Universal Brasileiro[28] com aulas por correspondências. O Telecurso, projeto da Fundação Roberto Marinho, foi o instrumento mais conhecido do segundo ciclo, com aulas pela televisão, transmitidas via satélite. O terceiro e atual ciclo, segundo os autores, é o on-line. Esse tem por característica a interação dos alunos, por meio de Ambientes Virtuais de Aprendizagem (AVA)[29], e consegue alcançar alunos em lugares remotos com

---

[27] A origem do programa **TV Escola** remonta ao Planejamento Estratégico do Ministério da Educação para o período 1995-98 e integra um conjunto de ações destinadas a democratizar o ensino básico e elevar a qualidade da educação brasileira.

[28] O Instituto Universal Brasileiro (IUB), fundado em 1941, continua ofertando seus cursos de forma ininterrupta até os dias de hoje, e com a mesma finalidade, que é desempenhar um papel no desenvolvimento da educação com uma nova proposta educacional: à distância.

[29] Os **Ambientes Virtuais de Aprendizagem (AVA)** são sistemas ou softwares que reúnem conteúdo, exercícios e ferramentas de cursos on-line para uma comunidade virtual. Nele, alunos e professores têm acesso à estrutura dos cursos, como aulas, módulos e avaliação, e podem acompanhar o desempenho nas atividades e acessar o conteúdo de qualquer lugar.

interação. Em 1996, entra em vigor a Lei de Diretrizes Básicas da Educação Nacional[30], que no seu artigo 80 legisla sobre o Ensino a Distância no Brasil. Esse artigo diz que o poder público incentivará o desenvolvimento e a veiculação de programas de ensino a distância em todos os níveis e modalidades de ensino e de educação continuada. O artigo é complementado pelo inciso primeiro: "A educação a distância organizada com aberturas e regimes especiais será oferecida por instituições especificamente credenciada pela União" (Brasil, 1996, Art. 80). Já no ano de 2017, o decreto 9.057, de 25 de maio, faz alteração no artigo 80 da LDB e provoca mudanças na oferta de cursos a distância. Já em seu primeiro artigo da lei fica claro que se considera educação a distância a modalidade educacional na qual a mediação didático-pedagógica nos processos de ensino-aprendizagem ocorra com a utilização de meios de tecnologias de informação e comunicação, com pessoal qualificado, com políticas de acesso, com acompanhamento e avaliações compatíveis, entre outros, e desenvolva atividades educativas por estudantes e profissionais de educação que estejam em lugares e tempos diversos. O artigo 2 traz uma importante decisão:

> A educação básica e a educação superior poderão ser ofertadas na modalidade a distância nos termos deste Decreto, observadas as condições de acessibilidade que devem ser asseguradas nos espaços e meios utilizados (Brasil, 2017, Art. 2º).

A partir desse decreto, a educação a distância se popularizou ainda mais no país. De acordo com Fofonca, Dias e Costa (2017, p. 2) "A EaD transitou da mídia clássica, tão presente na educação formal e presencial, para uma educação ubíqua e aberta ao se valer

---

[30] A Lei de Diretrizes e Bases da Educação Brasileira (LDB 9394/96) é a legislação que regulamenta o sistema educacional (público ou privado) do Brasil (da educação básica ao ensino superior). Na história do Brasil, essa é a segunda vez que a educação conta com uma Lei de Diretrizes e Bases da Educação, que regulamenta todos os seus níveis. A primeira LDB foi promulgada em 1961 (LDB 4024/61). A LDB 9394/96 reafirma o direito à educação, garantido pela Constituição Federal. Estabelece os princípios da educação e os deveres do Estado em relação à educação escolar pública, definindo as responsabilidades, em regime de colaboração, entre a União, os Estados, o Distrito Federal e os Municípios. Segundo a LDB 9394/96, a educação brasileira é dividida em dois níveis: a educação básica e o ensino superior.

das tecnologias digitais de comunicação e informação em e para as ambiências online". Assim, Santaella (2013) adverte que estamos diante de mudanças aceleradas repletas de instabilidades e de multiplicidades de tecnologias acessíveis a muitos usuários.

Nessa direção, o uso global das Tecnologias de Informação e Comunicação (TICs) proporciona outros recursos a serem utilizados, tanto por professores quanto por alunos. Assim surge o termo educação mediada por tecnologia. Como explica Moraes (1997), o tema não é novo e remete aos anos de 1980, quando as primeiras políticas públicas voltadas para a Informática Educativa foram propostas em nosso país. Existe uma corrente de pensadores que argumentam que essas novas tecnologias proporcionaram a inclusão de milhões de jovens ao ensino técnico e superior no Brasil.

> Quando tratamos de aprendizagem ao logo da vida, é importante lembrar que não há vagas nas universidades públicas para todos os jovens. Assim tal discurso tem servido como justificativa para a ampliação de vagas em instituições privadas e em cursos a distância (Oliveira; Gasparin, 2012, p. 36).

O ensino na atualidade não depende exclusivamente do modelo presencial. A Educação a Distância (EAD) permeou o ensino no Brasil, proporcionando o ensino de graduação e pós-graduação para aqueles que não têm a facilidade de frequentar o polo, principalmente nas pequenas cidades onde não há universidades.

O fato é que o grande desafio enfrentado é de como fazer a inclusão de alunos sem se distanciar da qualidade na aprendizagem.

Porém, há outros pesquisadores que consideram o ensino mediado por tecnologia deficiente e fraco. Para Silva e Santos (2019), o ensino no Brasil forma a classe dominante com educação de qualidade e, por outro lado, oferece um ensino precarizado aos mais pobres. No entendimento do autor, os governos municipais, estaduais e federais disponibilizam um estudo insuficiente para grande parte da população. Ainda discorrem Silva e Santos (2018) que o oprimido, quando recorre à Educação, é como se ganhasse uma arma capaz de o emancipar em relação ao seu opressor. Mas a Educação de qualidade nem sempre é oferecida, de forma gratuita, a todas as camadas de sociedade, e um ensino precário limita o poder de transformação plena que a educação pode oferecer. Nesse sentido:

> A educação à distância e, portanto, sua possibilidade de atender inclusive a educação básica, embora, à primeira vista, se revista do doce discurso da universalização e da democratização do acesso, cumpre o papel de precarizar o ensino destinado aos pobres. Desta maneira, consagra-se a formação de uma classe dirigente e uma classe dirigida, no sentido de que aos dirigentes oferta-se um ensino de qualidade e aos dirigidos oferta-se um ensino insuficiente (Silva; Santos, 2018, p. 19).

Em relação à qualidade, há duas correntes de pensamentos. A previamente exposta é a visão de Silva e Santos (2018), que enxergam o EaD como educação precarizada. A educação é apontada pela classe política e pelas instituições como instrumento capaz de gerar desenvolvimento local. Assim, quando a educação não é de qualidade ou não é acessível, além de segregar pessoas, segrega também uma localidade.

Já Ribeiro *et al.* (2019) entendem que o EaD oferece qualidade igual ou superior ao modelo presencial. Se conceitualmente o EaD é aluno e professor separados geograficamente e também pelo tempo, não significa que o uso de tecnologias vai garantir a qualidade da educação, como afirmam Moore e Kearsley (2008). Freire (1987, p. 6) vai mais longe e acrescenta:

> [...] quero saber a favor de quem, ou contra quem as máquinas estão postas em uso. Então, por aí, observamos o seguinte: não é a informática que pode responder. Uma pergunta política, que envolve uma direção ideológica, tem de ser respondida politicamente. Para mim os computadores são um negócio extraordinário. O problema é saber a serviço de quem eles entram na escola.

Embora as TICs tenham adentrado o âmbito escolar, inúmeros são os desafios e problemas relacionados às formas como essas tecnologias foram inseridas na grade curricular. Para compreendê-los é importante reconhecer as competências das tecnologias e a realidade em que a escola se encontra. Faz-se necessário identificar as particularidades do trabalho pedagógico, o potencial dos professores e alunos e o empenho da sociedade interna e externa.

O que se nota, em tese, é que a relação é bastante restrita entre os sujeitos do processo educativo, sobretudo devido aos modelos centrados no professor e a reprodução no virtual do modelo centralizado no conteúdo e no professor. Ainda assim, a educação mediada pelas tecnologias ganha reconhecimento por apresentar mais flexibilidade para o estudante, especialmente devido às demandas de formação de populações que residem em cidades menores.

Como afirmam Lévy (2010) e Lemos (2002), essa mediação ocorre a partir de uma ambiência comunicacional que já não se define pela centralidade da emissão, como nos meios tradicionais (rádio, imprensa, televisão), baseados na lógica da distribuição que supõe concentração de meios e a uniformização dos fluxos.

Com o objetivo de melhor entender a educação mediada pelas tecnologias, Almeida expõe que:

> Ambientes digitais de aprendizagem são sistemas computacionais disponíveis na internet, destinados ao suporte de atividades mediadas pelas tecnologias de informação e comunicação. Permitem·integrar múltiplas mídias, linguagens e recursos, apresentar informações de maneira organizada, desenvolver interações entre pessoas e objetos de conhecimento, elaborar e socializar produções tendo em vista atingir determinados objetivos. As atividades se desenvolvem no tempo, ritmo de trabalho e espaço em que cada participante se localiza, de acordo com uma intencionalidade explícita e um planejamento prévio (Almeida, 2003, p. 331).

Portanto, para que esse processo de interação ocorra é necessário que as instituições educativas disponham dos elementos técnicos e de professores capacitados para o entendimento de que essas tecnologias devem ser pensadas como elementos do currículo, e não apenas como ferramentas ou dispositivos transmissores de informações e conteúdo.

O maior desafio é a incorporação do desenvolvimento tecnológico no âmbito da educação escolar. Como Almeida e Valente (2011, p. 32) destacam, é preciso "[...] criar condições para que os educadores compreendam a tecnologia em seus modos de produção de forma de incorporá-la na prática".

Embora as tecnologias estejam cada vez mais presentes na vida dos estudantes, cotidianamente conectados à internet, sabemos que somente a tecnologia não basta, é necessário criar mecanismos de interação entre docentes, tutores e estudantes.

De igual modo, educar para o uso de tecnologias digitais implica ser capaz de decidir quando usar, quais tecnologias usar, como usar, por que usar, inclusive, de decidir por não usar tecnologias digitais em determinadas situações.

É indiscutível que professores e estudantes pertencem a gerações distintas. Em razão dessa diferença, é necessário fazer adaptações de ambas as partes para que desenvolvam a melhor maneira do uso da inclusão da educação mediada pelas tecnologias sem que isso interfira no desenvolvimento escolar.

A principal intenção é fazer com que o uso da educação mediada pelas tecnologias venha para acrescentar novas possibilidades de desenvolvimento pedagógico. O professor pode usar as ferramentas digitais, muitas vezes proibidas em salas de aula, como aliada do aprendizado. Como exemplificam Viana e Bertocchi (2019), o aluno pode pesquisar informações em dicionário on-line ou em aplicativos disponíveis que podem, inclusive, aumentar sua concentração com tarefas mais dinâmicas.

A velocidade com que as tecnologias chegaram ao lar das famílias é magnífica. Pensar na educação mediada por tecnologia nos remete ao futuro, não usar isso a favor da educação é um imenso risco que a sociedade enfrentará, apesar de que o universo de saberes e experiências de cada cidadão, de cada professor, como mais um ponto em sua rede de conhecimentos, é desafiador.

Outro fator existente são as situações de aprendizagem propostas com o objetivo de "instruir" o estudante acerca de um conteúdo curricular específico. Consequentemente, as atividades propostas oferecem poucas possibilidades de reflexão e de contribuição por parte dos estudantes sobre o tema abordado (Barreto, 2002).

Além disso, as atividades desenvolvidas para serem aplicadas em salas de aulas virtuais têm seu valor para a aprendizagem quando aplicadas no contexto adequado, especialmente quando se deseja priorizar operações mentais de exploração, memorização ou recuperação de conteúdos com os estudantes, tais como: linguagens de programação, softwares de autoria e aplicativos de edição de textos, imagens, áudio, vídeos e de conteúdos para a internet (Barreto, 2002).

Vale ressaltar que Mendes (2008) define TICs como um conjunto de recursos tecnológicos que, quando integrados entre si, proporcionam a automação e comunicação nos processos existentes nos negócios, no ensino e na pesquisa científica. E segundo Gesser (2012, p. 12):

> [...] as novas tecnologias trouxeram avanços na área da educação, em especial no Ensino Superior, com metodologias empregadas para se fazer ensino, nas diferentes formas de materialização do currículo, de aquisição ou de acesso às informações para a efetivação da aprendizagem.

O uso das TICs não deve substituir o professor, porém devem transformar suas tarefas e funções.

O uso de tecnologias na educação proporcionou a educação mediada por tecnologia, em que aluno e professor se apropriam de recursos tecnológicos para viabilizar o processo de ensino-aprendizagem. Se o aluno tem acesso à internet, qualquer espaço pode se tornar um ambiente educacional. O EMMT combina o uso de didáticas do ensino presencial e do EaD, sendo compreendido por

Costa (2015) como ensino híbrido. Assim, o ensino se estende para além das paredes de uma sala de aula, porém, em algumas modalidades não perde a característica do ensino presencial, que é a relação entre professores e alunos e alunos com alunos.

No capítulo seguinte será abordado a instalação e o funcionamento do EMMT em Rondônia.

3

ENSINO MÉDIO COM MEDIAÇÃO TECNOLÓGICA EM RONDÔNIA

Quem ensina aprende ao ensinar.
E quem aprende ensina ao aprender.
(Paulo Freire, 1996)

Com o objetivo de analisar as apropriações, as contribuições, as transformações e os impactos que a educação mediada por tecnologia está promovendo para os egressos do ensino médio, em uma comunidade ribeirinha de difícil acesso na Amazônia, este capítulo apresenta os resultados obtidos na pesquisa documental e de campo, realizada no distrito de Calama.

A modalidade de EMMT teve no estado do Amazonas seu pioneirismo, conforme mostra a Figura 9. No ano de 2007, foi aprovado pelo Conselho de Educação do Estado do Amazonas. Nascia o Ensino Presencial com Mediação Tecnológica (EMPMT)[31]. Segundo Henrique (2021), a iniciativa foi implementada nos estados da Bahia, Piauí e Rondônia. O modelo do Amazonas foi desenvolvido para atender alunos que eram excluídos do sistema de aprendizagem devido aos desafios geográficos no estado do Amazonas[32].

---

[31] O ensino presencial por Mediação Tecnológica é um projeto educacional desenvolvido pelo governo do Amazonas, por meio da Secretaria de Estado da Educação e Qualidade do Ensino, para atender à demanda de alunos de todas as comunidades da zona rural do estado do Amazonas. São aulas ministradas via teleconferência, a partir dos estúdios de televisão localizados em Manaus, e organizadas por professores licenciados. As aulas são transmitidas diariamente por satélite. Segundo a secretaria do estado, o programa abrange mais de 1.300 salas de aula distribuídas por todas as comunidades da zona rural do estado do Amazonas.

[32] Segundo a Secretaria de Educação do Estado do Amazonas, as aulas são transmitidas para mais de 30 mil alunos, moradores de 1.500 comunidades rurais distribuídas em mais de 540 escolas.

Figura 9 – Sala de aula no Centro Mídias da Seduc/AM

Fonte: Seduc/AM (2020)

O Ensino Médio com Mediação Tecnológica (EMMT) começa a ser discutido em Rondônia no ano de 2013, quando o projeto foi enviado para a Assembleia Legislativa, conforme relata Silva e Santos (2019). Segundo os autores, é criado o projeto de Lei n.º 975/2013, de autoria da deputada Epifânia Barbosa, que começa a ser debatido no parlamento estadual. O projeto sofreu forte resistência e foi retirado do parlamento a pedido do governo do estado.

A principal justificativa para a criação também foi a inclusão de alunos que estavam fora da sala de aula. Segundo a Pesquisa Nacional por Amostra de Domicílio (PNAD, 2019, pelo menos 70 mil jovens entre 15 e 17 anos estavam fora da sala de aula. Isso demonstrava, à época, que elevar a taxa de alunos matriculados de 77,1% em 2015 para 85% em 2024 era um desafio. Aguiar (2018) argumenta que com esses números Rondônia estava distante de atender à meta 3 do Plano Nacional de Educação (PNE)[33], relacionada à universalização do atendimento escolar.

---

[33] O Plano Nacional de Educação, estabelecido pela Lei n.º 13.005 e mais conhecido como PNE, é um documento que determina as diretrizes, metas e estratégias para a política educacional entre o período de 2014 e 2024.

Outro dado que contribuiu para implantar o EMMT em Rondônia é a falta de professores habilitados para todas as disciplinas. Segundo um levantamento do Movimento Todos pela Educação[34] (2014), 46,3% dos 494 mil professores que trabalham no ensino médio no Brasil atuam em pelo menos uma disciplina na qual não tem formação. O levantamento revela outro dado ainda mais alarmante: um terço dos professores, 32,3%, só ministra aulas em disciplinas que não tem formação. O estudo apontou que a situação é mais crítica em disciplinas como Física, Química e Matemática (IBGE, 2015). Em Rondônia, o percentual de professores do ensino médio com formação superior é 96,5%, entretanto, apenas 42% dos professores habilitados possuem formação superior compatível com a área de conhecimento em que lecionam nessa modalidade.

> Vê-se, pelos dados, que ainda há grande necessidade de professores para atuarem nas disciplinas especificas da matriz curricular do Ensino Médio. As áreas que mais contam com docentes formados em licenciatura específica nesta etapa são as de Língua Portuguesa (96,4%), Geografia (93,6), Educação Física (91%) e História (90,5%) (OBSERVATÓRIO DO PNE, 2016, 10§).

Já em relação à maior necessidade de docentes habilitados são: Física (19,1%), Química (18,2%), Matemática (13,5%) e Biologia (14,6). Os números do Observatório do PNE (2016) revelam que os desafios na formação de professores são enormes. Essa dificuldade em ter professores formados em suas áreas do conhecimento se agrava com movimentos de expansão do acesso à educação básica.

O modelo de educação mediada pela tecnologia difere do modelo de educação a distância, em que o aluno acessa o ambiente virtual de onde estiver e tem aulas gravadas ou ao vivo. O modelo implantado em Rondônia acompanha o modelo do Amazonas e permite que o aluno conviva fisicamente com outros alunos e tenha um professor ministrante e outro presencial.

---

[34] Todos pela Educação se trata de uma organização sem fins lucrativos composta por diversos setores da sociedade brasileira. Tem o objetivo de assegurar o acesso à educação básica de qualidade para todos.

No modelo de ensino mediado por tecnologia de Rondônia, o aluno deixa sua casa, vai até a escola e em uma sala de aula física assiste às aulas ao vivo com professor que está em um estúdio no Centro de Mídias, em Porto Velho, e com auxílio de um professor que está na sala de aula, os alunos podem fazer perguntas e até debater os assuntos abordados na aula.

Nesse modelo, os alunos têm acesso ao conteúdo mediado por tecnologia e também compartilham as experiências com os colegas de sala e com o monitor. Portanto, não existe a separação geográfica aluno e professor, nem a separação no tempo, porque as aulas são síncronas. As aulas ocorrem de segunda a sexta-feira e são presenciais, pois o aluno vai todos os dias até a escola. O que difere é como o professor chega até o aluno. Os alunos não têm acesso às aulas on-line, por eles residirem em lugares com pouca acessibilidade de internet. A relação entre alunos e alunos e professores, para Farias (2009), gera a construção de vínculo com a aprendizagem.

O projeto foi aprovado, em 2016, com o objetivo de promover a educação focada em valores humanos, com a orientação de educar para a construção de práticas de cidadania, qualificação para o trabalho, bem como o direito à universalização do ensino, principalmente em localidades de difícil acesso, por não haver professores disponíveis para o ensino (Seduc/RO, 2016). Assim, o projeto colabora para expandir o ensino médio combatendo as assimetrias educacionais que existiam no estado.

É preciso compreender a configuração do estado de Rondônia, que tem populações ribeirinha, indígena, quilombola, além de uma imensa área rural. Esses lugares são de difícil acesso e não contam com professores na região. Antes do projeto, o aluno não estudava ou andava distâncias enormes para chegar a uma sala de aula; além disso, os professores também tinham que se deslocar para chegar nessas escolas, que eram chamadas de escola-polo.

Para perceber o avanço do EMMT no estado de Rondônia, apresentamos por ano o número de escolas, alunos e turmas na Tabela 4.

Tabela 4 – Quantitativos de escolas, alunos e turmas de 2016 a 2019

ANO	ESCOLAS	ALUNOS	TURMAS
2016	85	2.000	122
2017	122	4.366	218
2018	144	5.510	325
2019	121	5.688	341

Fonte: elaborado pelo autor com base em Seduc (2020)

Importante destacar que no ano de 2016, dos 2 mil alunos, nenhum era indígena ou quilombola. Já no ano de 2019, dos 5.688 alunos, 14 eram quilombolas e 104 indígenas. Os demais eram, predominantemente, alunos da área rural de Rondônia ou de populações ribeirinhas, como é o caso do distrito de Calama.

Segundo Silva Junior *et al.* (2017), a educação no campo em Rondônia é marcada pela ausência de políticas educacionais que proporcionem ensino de qualidade. Segundo os autores, a maioria dos municípios tem sua economia tipicamente rural, "[...] compreendendo os espaços da floresta, do agronegócio, ribeirinhos, pesqueiros, extrativistas e quilombolas" (Silva Junior *et al.*, 2017, p. 23). A Tabela 5 apresenta como está organizado o EMMT em Rondônia.

Tabela 5 – Organização do EMMT na sua implantação

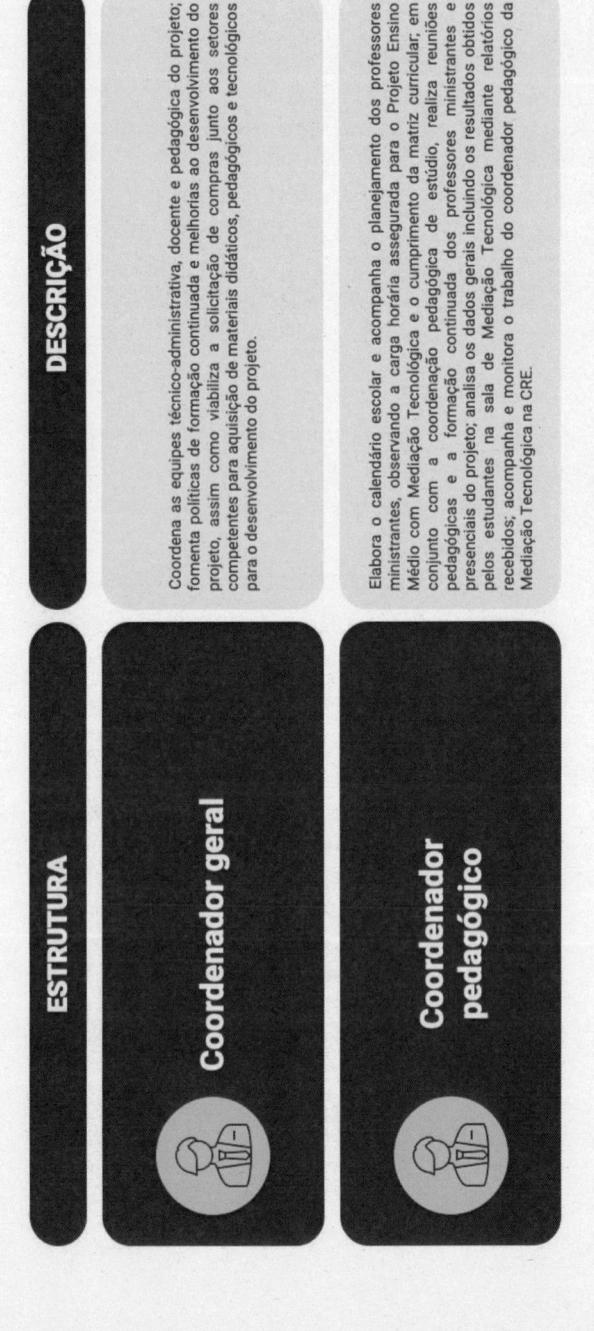

ESTRUTURA	DESCRIÇÃO
Coordenador geral	Coordena as equipes técnico-administrativa, docente e pedagógica do projeto; fomenta políticas de formação continuada e melhorias ao desenvolvimento do projeto, assim como viabiliza a solicitação de compras junto aos setores competentes para aquisição de materiais didáticos, pedagógicos e tecnológicos para o desenvolvimento do projeto.
Coordenador pedagógico	Elabora o calendário escolar e acompanha o planejamento dos professores ministrantes, observando a carga horária assegurada para o Projeto Ensino Médio com Mediação Tecnológica e o cumprimento da matriz curricular; em conjunto com a coordenação pedagógica de estúdio, realiza reuniões pedagógicas e a formação continuada dos professores ministrantes e presenciais do projeto; analisa os dados gerais incluindo os resultados obtidos pelos estudantes na sala de Mediação Tecnológica mediante relatórios recebidos; acompanha e monitora o trabalho do coordenador pedagógico da Mediação Tecnológica na CRE.

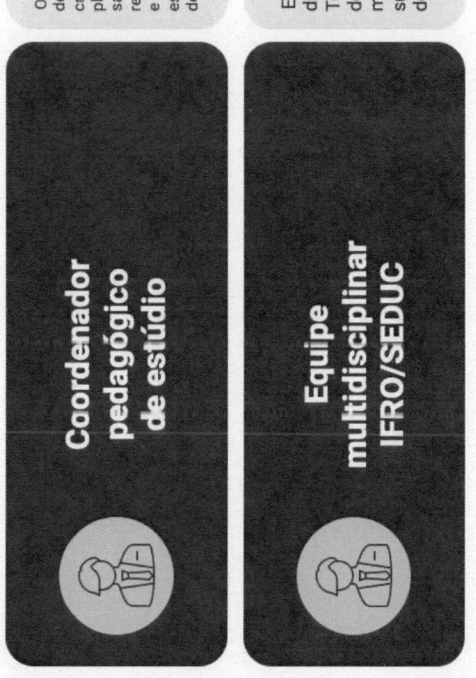

Coordenador pedagógico de estúdio

Orienta os professores ministrantes no planejamento e na elaboração no desenho educacional dos instrumentais (plano didático pedagógico curricular, cronograma de sequência de aula, plano instrucional de atividades extraclasse, plano instrucional de estudo de recuperação, plano das aulas, atividades de 45 sala, avaliações parciais – primeira e segunda chamada –, avaliações de recuperação e exame final e seus respectivos gabaritos), assim como agendam e acompanham os professores no estúdio de transmissão, nas formações de estúdio, nas aulas-teste e nas reuniões de pauta para alinhamento e solicitação de recursos audiovisuais.

Equipe multidisciplinar IFRO/SEDUC

Equipe de profissionais especializados na produção de conteúdo, disponibilizada pelo Instituto Federal de Educação, Ciência e Tecnologia de Rondônia – Campus Porto Velho Zona Norte, por meio do convênio com a SEDUC – a fim de alinhar a identidade visual dos materiais utilizados. É composta por profissionais que atuam em supervisão pedagógica, revisão textual, ilustração, diagramação, design visual de ambientes de aprendizagem e edição de vídeos.

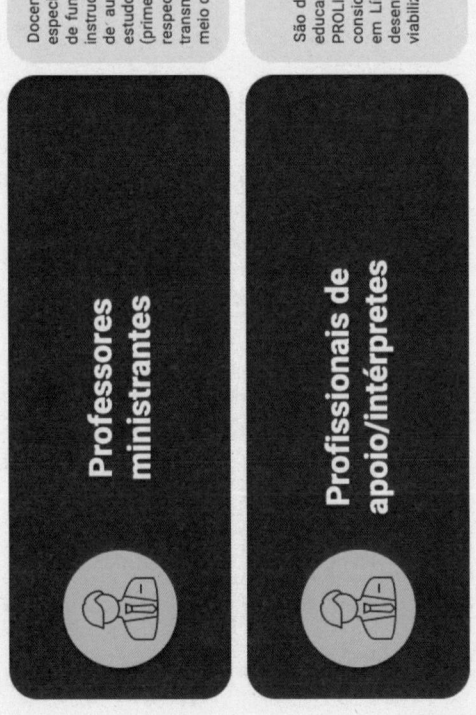

Professores ministrantes

Docentes habilitados por áreas de conhecimento da educação básica, especialistas, mestres e doutores em suas especificidades; integram o quadro de funcionários estatutários da SEDUC/RO. Em dupla, eles elaboram os planos instrucionais – plano didático pedagógico curricular, cronograma de sequência de aula, plano instrucional de atividades extraclasse, plano instrucional de estudo de recuperação, plano das aulas, atividades de sala, avaliações parciais (primeira e segunda chamada), avaliações de recuperação e exame final e seus respectivos gabaritos –, bem como ministram as aulas no estúdio de transmissão ao vivo, via satélite, de forma modular, interagindo com o aluno por meio de chat, em tempo real, orientando o professor presencial.

Profissionais de apoio/intérpretes

São docentes graduados e habilitados em diversas áreas do conhecimento da educação básica ou técnicos educacionais, ambos com certificação do PROLIBRAS/MEC. Planejam as aulas segundo as especificidades do estúdio, considerando tempo, dinâmica audiovisual, conteúdo e didática e interpretam em Língua Brasileira de Sinais as atividades didático-pedagógicas e culturais desenvolvidas no Projeto Ensino Médio com Mediação Tecnológica, de forma a viabilizar o acesso aos conteúdos curriculares, em tempo real, via satélite.

Coordenadores pedagógicos das Coordenadorias Regionais de Educação (CREs)

São docentes e/ou supervisores habilitados em diversas áreas do conhecimento da educação básica; fazem parte do quadro de funcionários estatutários da SEDUC/RO; estão lotados nas Coordenadorias Regionais de Educação (CREs), distribuídos em 18 municípios do estado de Rondônia – Ariquemes, Jaru, Ouro Preto, Vilhena, Machadinho, Ji-Paraná, Porto Velho, Guajará-Mirim, Machadinho, Costa Marques, São Francisco, Buritis, Cacoal, Cerejeiras, Rolim de Moura, Espigão do Oeste, Alta Floresta e Pimenta Bueno. Eles acompanham o desenvolvimento do projeto in loco, assegurando sua viabilidade quanto às especificações referentes à clientela das escolas em localidades de difícil acesso; acompanham os resultados obtidos pelos estudantes do Ensino Médio com Mediação Tecnológica, oferecendo orientação e assistência ao professor presencial; monitoram as escolas polos, para verificar suas reais necessidades (espaço, ambiente, recursos técnicos e humanos etc.), e as encaminham à coordenação geral do projeto; participam e intervêm junto à direção na organização do trabalho pedagógico das salas de Mediação Tecnológica, assim como viabilizam a formação continuada aos professores presenciais.

Supervisores da escola sede

Fazem parte do quadro de funcionários estatutários da SEDUC/RO; estão lotados nas várias escolas sede dos municípios e distritos do estado de Rondônia e coordenam e supervisionam o processo educacional. Possuem papel fundamental para proporcionar estratégias pedagógicas a fim de efetivar a integração entre estudantes 47 e professores presenciais da Mediação nas salas anexas à escola sede; juntamente com os membros da equipe gestora da escola sede e a coordenação pedagógica da Mediação na CRE, estabelecem mecanismos que favoreçam o cumprimento de normas vigentes no que se refere ao sistema de avaliação da aprendizagem dos estudantes do Projeto Ensino Médio com Mediação Tecnológica.

Orientadores da escola sede

Fazem parte do quadro de funcionários estatutários da SEDUC/RO; estão lotados nas várias escolas sede dos municípios e distritos do estado de Rondônia; cooperam com a supervisão escolar e o professor presencial no processo do ensino-aprendizagem, de maneira a detectar possíveis causas das dificuldades dos estudantes e realizar as orientações e os encaminhamentos, a fim de saná-las ou minimizá-las; promovem a articulação com as famílias e a comunidade, criando processos de integração entre a sociedade e a escola.

Professores presenciais

Docentes graduados e habilitados em diversas áreas do conhecimento da educação básica; integram o quadro de funcionários estatutários da SEDUC/SO; estão lotados nas várias escolas dos municípios e distritos do estado de Rondônia; são responsáveis por uma única sala do primeiro, segundo ou terceiro ano durante todo o ano letivo; estudam o planejamento, orientam e conduzem a turma sobre as orientações dos professores ministrantes e disponibilizam o material didático com antecedência para os alunos a cada aula. Sob a orientação dos professores ministrantes, os professores presenciais fazem a aplicação e a correção das atividades extraclasse e das avaliações dos componentes curriculares ministrados, de acordo com o gabarito enviado pelos professores ministrantes.

Fonte: adaptado pelo autor a partir de Seduc (2016)

O projeto EMMT alcançou todas as microrregiões da Educação em Rondônia. De acordo com a Lei n.º 1.699, de 01/01/2007, para efeitos do Plano Plurianual, o estado foi organizado em oito microrregiões, conforme mapa a seguir:

Figura 10 – Mapa das microrregiões

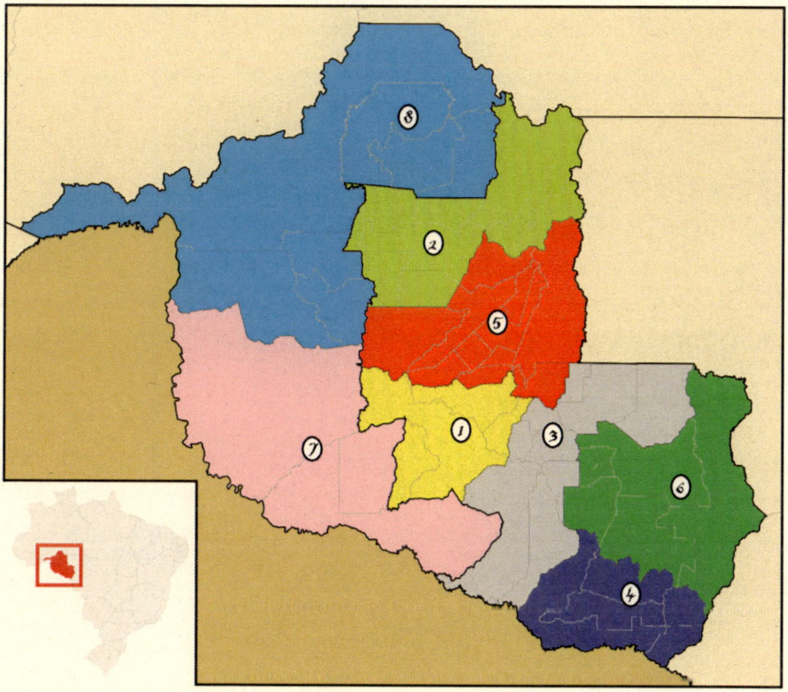

Fonte: Wikimedia Foundation (2021)

3.1 Rondônia e sua imponência geográfica e cultural

O estado de Rondônia tem dimensões e características geográficas que dificultam a logística de professores em todas as escolas, principalmente em áreas rurais e comunidades ribeirinhas. Rondônia está localizado na região Norte do Brasil e em uma zona de transição entre a floresta amazônica e o cerrado do Mato Grosso.

Em 2021, contava com 52 municípios que surgiram com o movimento migratório, de todas as regiões do Brasil, entre as décadas de 1960 e 1990, incentivados a vir para Rondônia com a promessa de ganharem terras para o cultivo da agricultura e também pecuária, no terceiro ciclo migratório[35] para o estado.

O primeiro movimento que trouxe gente de diversas partes do Brasil foi no primeiro ciclo da borracha, que se iniciou em 1877 e foi até 1912. Esse movimento em busca do látex retorna em 1942, por ocasião da Segunda Guerra Mundial. Os seringais da Amazônia voltaram a ter importância no cenário internacional porque a Malásia, maior produtora de borracha do mundo na época, teve seus seringais invadidos por tropas japonesas.

Após o ciclo da borracha[36], surge em 1952 o ciclo da mineração, primeiramente com a mineração manual e depois, já na década de 70, com a mineração mecanizada. Segundo o IBGE (2016a), em Rondônia as Unidades de Conservação correspondem a 19,8% do território, área indígena de 20,1%.

As principais cidades do estado se formaram às margens da BR 364, que liga Rondônia ao Centro-Oeste do Brasil (Figura 11).

---

[35] É na terceira onda migratória (décadas de 1970 e 1980) que Rondônia recebe seu maior contingente populacional. Nessas duas décadas, o ainda Território Federal de Rondônia recebeu cerca de 600 mil pessoas, sendo que mais de 50% da população do estado habitava em terras rondonienses há menos de 10 anos. Essa onda migratória tem um caráter diferente das demais, posto que, ao contrário do que ocorreu nas duas primeiras, em que o migrante chegava e tinha como principal objetivo obter um pecúlio e voltar para a terra natal, nesta, o migrante recém-chegado teve como objetivo adquirir um pedaço de chão e, na grande maioria das vezes, pretendia fixar (Teixeira, 1999, p. 191).

[36] O ciclo da borracha foi um momento da história econômica e social do Brasil relacionado com a extração de látex da seringueira e comercialização da borracha. O ciclo da borracha viveu seu auge entre 1879 e 1912, tendo depois experimentado uma sobrevida entre 1942 e 1945, durante a Segunda Guerra Mundial (1939-1945).

Figura 11 – Mapa de Rondônia

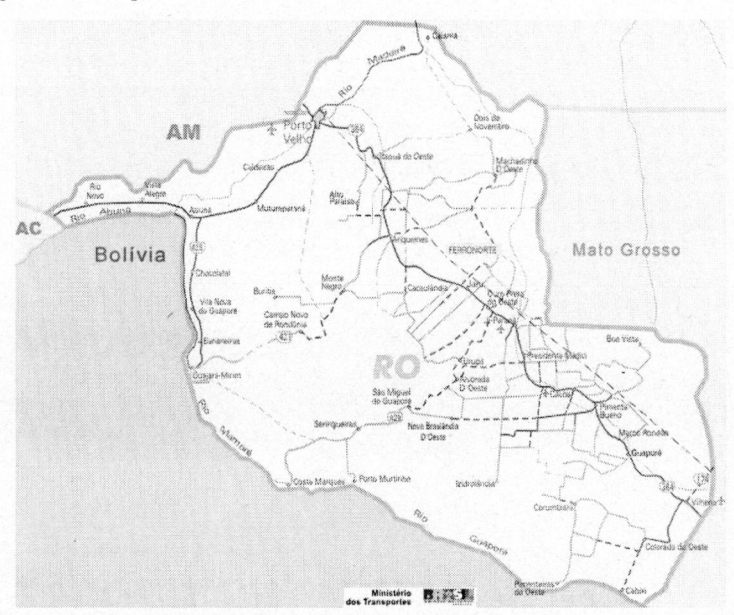

Fonte: Mapas do Brasil (2010)

O principal rio que passa por Rondônia é o rio Madeira.[37] A bacia desse rio cobre uma área de 1.300.000,00 km², distribuídas em territórios do Brasil, da Bolívia e do Peru. O Madeira nasce na Bolívia, região dos Andes, e percorre mais de 3 mil quilômetros até a foz do rio Amazonas. O rio Madeira tem a maior biodiversidade de peixes do planeta (nele vivem cerca de mil espécies) e recebeu esse nome por causa das águas caudalosas e barrentas que, nos períodos de cheia, carregam troncos e árvores inteiras arrancadas de suas margens. Os rios e córregos[38] são utilizados como vias para conectar lugarejos a centros urbanos, conforme Figura 12 a seguir.

---

[37] O rio Madeira nasce na Bolívia e deságua no rio Amazonas. É utilizado para o transporte de grãos de grande parte do Mato Grosso e Rondônia.

[38] Córrego, arroio ou ribeiro *é um* corpo de água corrente de pequeno porte. Rotineiramente, *é* utilizado para se referir a algo de menor tamanho que um riacho. **Córrego:** É um rio pequenino que pode desaguar em outro córrego, em um rio ou em um lago. Riacho: Curso d'água natural, normalmente pequeno e afluente de um curso maior. Ribeirão: É um curso de água maior que um riacho ou córrego e menor que um rio. Rio: É um curso d'água natural de grande volume de água.

Figura 12 – Ribeirinhos às margens do rio Madeira

Fonte: foto tirada pelo autor (2021)

Existem lugares no baixo madeira, em Porto Velho, que não têm estradas e os deslocamentos são por meio fluviais. O rio Madeira é uma importante hidrovia no que diz respeito à economia. Boa parte dos grãos do norte do Brasil são exportados usando o rio até Manaus, de onde são transportados de navios aos mercados europeus e asiáticos, como demonstra a Figura 13.

Figura 13 – Balsa no rio Madeira

Fonte: foto tirada pelo autor (2021)

Registra-se que, nos limites do estado de Rondônia, o rio Madeira comporta 79 comunidades, e Calama é a mais distante e isolada de Porto Velho, estando já na divisa com o estado do Amazonas. Esse fator geográfico foi determinante para a escolha do estudo.

Rondônia tem como característica de relevo a Planície Amazônica. O clima é equatorial e bastante úmido. O Território Federal de Rondônia foi criado por meio do Decreto Lei 5.812, de 13 setembro de 1943, e foi chamado, à época, de Território Federal do Guaporé. Pela Lei 2.73,1 de 17 de fevereiro de 1956, passou a se chamar Rondônia. Já em 1981, o território é elevado à condição de estado pela Lei complementar de número 41, que foi sancionada pelo Presidente da República em 22 de dezembro do mesmo ano.

3.2 Calama e suas peculiaridades

A região escolhida para a pesquisa é Calama, um distrito da capital de Rondônia criado pela presidência da república do Brasil por meio do Decreto-Lei Federal 7.470, de 17 de abril de 1945 (Brasil, 1945). A região de Calama se localiza ao norte de Rondônia, na grande região Madeira-Mamoré, em Porto Velho, razão pela qual o distrito faz fronteira com o estado do Amazonas e sendo pelo rio Madeira o único acesso ao distrito.

Frisa-se que em termos de longitude são necessárias, em média, oito horas de viagem de voadeira, espécie de barco menor, com motor mais potente, e de barco de porte médio, 18 horas entre a cidade de Porto Velho e o respectivo distrito, conforme mostra a Figura 14. Souza e Menegon (2015) aduzem que foi por volta da metade do século XIX que surgiu o povoado de Calama, em decorrência da produção extrativista da borracha nos seringais da região. O lugar, às margens do rio Madeira, foz do rio Machado, era o ponto de apoio dos seringueiros que atuavam na região.

Figura 14 – Barco usado para transporte de pessoas no rio Madeira

Fonte: foto tirada pelo autor (2021)

Ao examinarem os dados do Instituto Brasileiro de Geografia e Estatística (IBGE, 2016a), observou-se que em Calama havia 760 domicílios com uma população de 2.782 pessoas. Com relação à economia, o cultivo de mandioca é a base econômica do local, usada para fabricação de farinha, além da pesca, do extrativismo de açaí e da fabricação de farinha de babaçu.

Conforme esclarecem Souza e Menegon (2015), a empresa Calama S/A[39], que tinha como proprietário Manoel Antonio Parada Carbacho, um espanhol que chegou à região no ano de 1877, instalou a sua sede onde hoje é o distrito. Ele era o dono de uma grande área de seringais explorada para extração da borracha para exportação. A empresa era dona dos seringais do Alto, Médio e Baixo Madeira, além de toda a extensão às margens do rio Machado.

A partir daí, foram construídas casas para os novos moradores da região e importados da Filadélfia, nos Estados Unidos, galpões para armazenamento do látex e de mantimentos para abastecimento dos seringais da região.

---

[39] Em 1877, o povoado passou a ser sede da empresa Calama S/A, de propriedade do espanhol Manoel Antônio Parada Carbacho, possuidora de seringais no baixo e médio Vales do rio Ji-Paraná e dos seringais Campinas e Boa Esperança no rio Madeira, totalizando 2 milhões de hectares, concedidos por Dom Pedro II, imperador do Brasil.

Souza e Menegon (2015) argumentam, também, que logo depois a borracha sofreu forte desvalorização no mercado internacional, causando uma crise econômica na Amazônia, o que levou Calama à estagnação. Com essa crise, veio a emigração, e as pessoas da época, que ali residiam, encontraram na pesca artesanal e na agricultura de subsistência uma forma de sobreviver, tornando-se um hábito entre os ribeirinhos.

Estima-se que em Calama resida cerca de 2.782 pessoas, conforme dados extraídos do IBGE (2016b). De acordo com Lubiana, Carniello e Galvão Junior (2019), em termos de concentração, o distrito compreende cinco bairros: São José, Tancredo Neves, Sapezal, São Francisco e São João. Às margens do rio está a parte central do distrito (Figura 15). Há também moradores nos arredores da área urbana, porém a pesquisa foca apenas esta área pelo fato de a área rural não ter energia elétrica e, consequentemente, ser sem acesso à internet.

Figura 15 – Distrito de Calama

Fonte: Tiago Miranda (2016)

Segundo uma pesquisa realizada por Lubiana, Carniello e Galvão Junior (2019), a internet em Calama surgiu em 2013 em uma escola, e os moradores não tinham acesso, porém, no mesmo ano, um ponto de internet foi instalado na sede da Entidade Autárquica de Assistência Técnica e Extensão Rural do Estado de Rondônia (Emater). Foi então que o sinal passou a ser compartilhado, via wi-fi, para os moradores que a desejassem. Mas era muito precária e era usada apenas para enviar e receber mensagens via redes sociais e WhatsApp. Em 2019, o acesso foi ampliado por uma empresa que passou a comercializar o sinal de internet via rádio. O que chamou a atenção durante a pesquisa foi o interesse das pessoas em assuntos relacionados à educação, conforme pode ser verificado no Gráfico 1.

Gráfico 1 – Finalidade do uso de internet em Calama

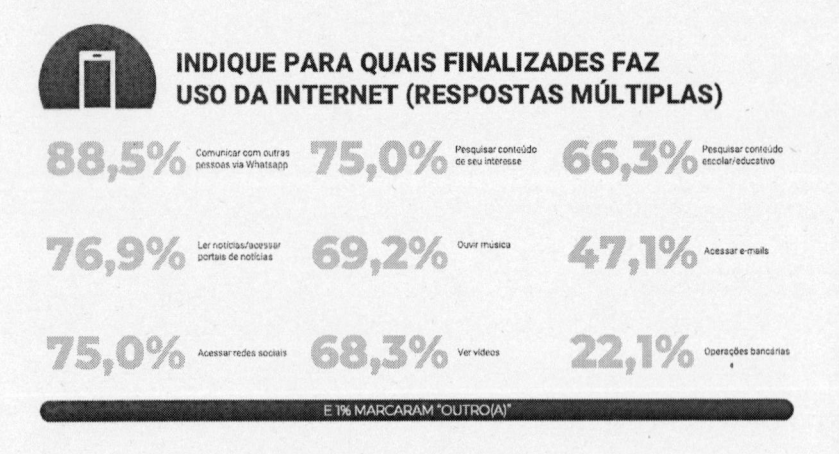

Fonte: Lubiana, Carniello e Galvão Junior (2019)

Mesmo que com muito atraso, a chegada da internet promoveu a inclusão das famílias que viviam naquele lugar. Como revelou a pesquisa, elas passaram, por exemplo, a fazer transações bancárias por meio da internet. Antes, essas operações não eram possíveis e isso gerava impacto negativo no pequeno comércio, bem como para os produtores de mandioca e açaí, por exemplo. Mas o que chamou mesmo a atenção é a pesquisa de conteúdo escolar e educativo para 66,30% dos moradores pesquisados em 2019.

Em relação à escolaridade, a pesquisa de mestrado de Lubiana, Carniello e Galvão Junior (2019) revelou que 50,9% declararam ter concluído ensino médio e 13,4% têm o ensino médio incompleto. No que diz respeito ao ensino superior, 11,5% têm completo e 3,8% incompleto. Quanto ao ensino fundamental, 6,7% têm completo até o nono ano, assim como há aqueles que estudaram somente até o quarto ano, que correspondem a 3,8%. Apenas 0,96% declararam não ter concluído o ensino fundamental.

A pesquisa revelou que, em relação à permanência de quem nasce em Calama, 49% estão residindo no distrito há mais de 21 anos. Dentre os interrogados, 28,8% estão na faixa etária entre 11 e 20 anos; 7,6% entre 6 e 10 anos; de 1 a 5 anos são 9,6% e com menos de um ano são 4,8%. Alerta-se, ainda, para o fato de que dentre os moradores do distrito, objeto de estudo, 56,7% nasceram no local; 23% nasceram em Porto Velho e foram para Calama; e 20% nasceram em outras regiões. Os residentes em área urbana são 96,1% e na área rural 3,8%.

A pesquisa, na época, revelou que no quesito educação a internet também provocou transformações: 66,3% informaram que acessam para pesquisar conteúdo educativo de seu interesse. O grupo que acessa vídeos e músicas é o que tem o sinal de internet na sua residência.

No capítulo a seguir vamos apresentar e analisar os dados da pesquisa realizada com os oito egressos que concluíram o Ensino Médio Mediado por Tecnologia no distrito de Calama nos anos de 2018 e 2019.

4

APROPRIAÇÕES E POSSIBILIDADES DE ESCOLHAS DOS EGRESSOS DO EMMT

> *Um país educado com internet progride. Um país sem*
> *educação utiliza a internet para fazer estupidez. Isso*
> *a internet não pode resolver, só pode ser resolvido pelo*
> *sistema educacional.*
> (Manuel Castells)

Neste capítulo, vamos descrever e analisar os dados colhidos na pesquisa de campo com oito egressos de uma escola estadual no distrito de Calama. Destes, três deixaram o distrito de Calama em busca de novos desafios ao terminarem o ensino médio. Outros cinco continuam residindo na comunidade.

A análise está organizada nas seguintes categorias:

- As apropriações por parte dos egressos;

- As possibilidades de escolhas dos egressos e;

- A estrutura oferecida aos egressos durante o ensino médio.

Como subcategorias estão os egressos que, no momento da pesquisa, residem em Calama; e os que, depois de concluírem o ensino médio, mudaram-se de Calama.

Outra subcategoria são os egressos que tiveram os três anos de aulas ao vivo e os egressos que tiveram parte das aulas ao vivo e parte das aulas gravadas do ano anterior.

Partindo desse contexto, a educação mediada por tecnologia em comunidade de difícil acesso proporciona, a quem a vivencia, o poder de escolha e, assim, poder gerar qualidade de vida chegando ao desenvolvimento, como defende Sen (2000).

Conforme afirmação da autora, no caso dos alunos pesquisados em Calama, os egressos tiveram, além do acesso ao aprendizado, a oportunidade de se conectar com pessoas que vivem de maneira diferente da deles.

Para apresentar a voz dos egressos nesta pesquisa, vamos utilizar a sigla EG (egresso) e o número de 1 a 8. Sendo que o EG 01 é o egresso 1 e assim sucessivamente até o egresso 8, que será o EG 08.

No grupo de egressos pesquisados, quatro são do sexo masculino e quatro são do sexo feminino. É importante ressaltar que quatro alunos residem na parte urbana de Calama e um na parte rural do distrito, sendo que os outros três egressos não residem mais no distrito. Sendo assim, cinco residem em Calama e três mudaram para outra cidade. Dos que residem no distrito, todos moram ali desde o nascimento. Dos oito egressos entrevistados, cinco nasceram em Calama, dois nasceram em Porto Velho e um é outro lugar. Em relação à idade, seis egressos têm entre 18 e 24 anos e dois entre 25 e 34 anos. Um desses egressos que tem idade acima de 25 anos estava com seus estudos paralisados e decidiu concluir com o EMMT em Calama, o que confirma que um dos objetivos do projeto, em colocar em sala de aula alunos fora da idade escolar, ocorreu com pelo menos um dos entrevistados. Outro dado importante está relacionado à continuação dos estudos. No momento da pesquisa, cinco egressos já estavam estudando o ensino superior, o que demonstra o desejo em avançar nos estudos.

No aspecto econômico (renda da família), verificou-se que três recebem até um salário mínimo. A renda de quatro deles chega a dois salários mínimo e um recebe até três salários mínimo. Isso demonstra que suas famílias sobrevivem do extrativismo de açaí, castanha e peixes conforme relata Lubiana, Carniello e Galvão Junior (2019) quando apresenta um recorte da questão econômica de famílias em Calama. Para compreender, foi indagado de onde provém a renda familiar apontada nas respostas. Dois são trabalhadores com carteira assinada, outros dois disseram que são agricultores. Um disse que é pescador, outro disse que é aposentado, enquanto outro disse que é funcionário público. Em Calama, as famílias em grande parte sobrevivem do extrativismo e vendem o que colhem para a cidade de Porto Velho. Todos os entrevistados que residem em Calama disseram possuir energia elétrica em casa. A energia é produzida por uma pequena termoelétrica que existe no local para atender ao distrito.

4.1 A estrutura física do EMMT em Calama e as políticas públicas

Nesta sessão, vamos analisar, na visão dos egressos, a estrutura do EMMT como foram aplicadas as políticas públicas, definidas para a implantação do projeto em Rondônia.

No tocante à internet, seis responderam que têm acesso em casa e dois disseram que não. Nenhum dos entrevistados tem acesso à rede de telefone móvel. Para quatro dos egressos, o acesso à internet ocorre em casa, dois acessam do seu local de trabalho e dois não têm acesso. Seis possuem aparelhos de celular smartphone e dois não possuem aparelho de celular. Dois apontaram que o sinal e a velocidade da internet são péssimos ou ruins e quatro responderam que são bons ou ótimos.

A base do projeto foi adotada do modelo de Ensino Mediado por Tecnologia do estado do Amazonas. Além de grade curricular adaptada do estado vizinho, Rondônia incorporou infraestrutura parecida. Sendo aulas ao vivo transmitidas de um centro de mídia e distribuídas via satélite para as escolas rurais e de difícil acesso, como por exemplo os ribeirinhos. Os motivos que levaram o estado do Amazonas a implantar o Ensino Médio Mediado por Tecnologia foram os mesmos que Rondônia usou em sua justificativa: o número de alunos do ensino médio fora da sala de aula e devido às condições geográficas e aos professores não habilitados para todas as disciplinas. Sobre o problema de professores não habilitados e as condições geográficas, Costa (2015, p. 28) justifica a criação do projeto dizendo que:

> Em razão desse quadro de carência de profissionais habilitados com licenciatura na área que atuam, somado às especificidades geográficas da região e

da obrigatoriedade de universalização da oferta da Educação Básica às populações residentes no interior do Amazonas, o Projeto de ensino por mediação tecnológica surgiu como uma alternativa viável para concretizar essa política educacional neste que é o maior estado da federação brasileira.

O início oficial para implantar o EMMT em Rondônia ocorreu com a celebração de um convênio entre o governo do estado de Rondônia, por meio da Seduc/RO, com o Ifro/RO para a transmissão das teleaulas, como está ilustrado na Figura 16.

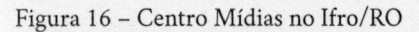

Figura 16 – Centro Mídias no Ifro/RO

Fonte: Silvano Marques (2017)

Na sequência, foi criada a Lei complementar 901, de 12 de setembro de 2016, que criou os cargos de Gerência do Centro de Mídias (GCM)[40]. Ao centro, como mostra a Figura 17, compete planejar, coordenar e executar o processo de implantação da oferta diversificada do atendimento da rede pública de ensino por meio

---

[40] É de onde os professores ministram as aulas. É uma metodologia de educação presencial mediada por tecnologia. Os alunos das escolas participantes assistem às aulas simultaneamente a partir de um estúdio, com a presença de educadores tanto no espaço de transmissão quanto em sala de aula. O Centro de Mídia coordena toda a ação da Educação Mediada por Tecnologia.

de soluções tecnológicas inovadoras, bem como implementação de aulas e formações presenciais com mediação tecnológica para os alunos e os profissionais de educação da capital e do interior que'participam dos projetos de ensino mediados pela tecnologia. É também o GCM que assessora pedagogicamente os professores ministrantes e os presenciais. Além de ter um professor ministrante que fica no centro de mídias, há também, em todas as salas de aula, um professor presencial que acompanha as aulas e contribui para tirar dúvidas dos alunos.

Figura 17 – Aulas no Centro de Mídias em Porto Velho

Fonte: Silvano Marques (2017)

Para dar início às aulas mediadas por tecnologias, cada escola recebeu uma antena parabólica, um receptor de sinal via satélite, um computador, um aparelho de TV 55 polegadas, uma impressora e um *nobreak*.

Inicialmente, as aulas eram transmitidas dos estúdios do Ifro em Porto Velho. Em 2019, entretanto, as aulas exibidas foram aquelas gravadas do ano anterior e em 2020, a transmissão das aulas passou para o Centro Geral de Mídia da Seduc/RO.

Os desafios de fazer educação na Amazônia forçaram Rondônia a aderir às tecnologias para mediar o processo de ensino-aprendizagem em locais de difícil acesso. Como mencionado anteriormente, em 2015 havia 70 mil jovens entre 15 e 17 anos fora da sala de aula.

O projeto EMMT criado em 2016, em seu primeiro ano, atendeu aproximadamente 36 dos 52 municípios, totalizando 1.960 alunos. Já no ano de 2017, o número de municípios passou para 40 e alcançou o número 4.306 de alunos (Aguiar, 2018).

O modelo proposto definia que cada aluno teria um notebook para realizar diversas atividades conectadas à internet. O aluno EG 05 fez menção ao fato de o EMMT chegar ao distrito.

> Foi uma novidade, porque quase ninguém tinha acesso a computadores, e no primeiro momento nós pensávamos que cada aluno teria um computador e poderia levar para casa e estudar. Mas mesmo não sendo assim foi bom porque foi uma novidade. Como era algo novo, chamou atenção dos alunos (EG 05. Entrevista feita no dia 15 de novembro de 2020).

De acordo com o relato, pude perceber que os alunos, além de estudarem suas disciplinas obrigatórias, também aprenderam a manusear os equipamentos, conforme relata o EG 07.

> Eu não sabia mexer no notebook, mas eu aprendi. Isso foi pra mim mais importante que as aulas, porque estudar as matérias eu poderia fazer em qualquer lugar, mas essa oportunidade de estudar usando os equipamentos de informática e com os professores de fora era muito legal pra mim (EG 07. Entrevista feita no dia 15 de novembro de 2020).

Mas nem todos tiveram uma experiência positiva. Durante as entrevistas com os egressos, ficou claro que o projeto apresentou muitas falhas na questão de infraestrutura. Nem sempre os alunos tinham as aulas ao vivo e nem sempre conseguiam acessar a internet. Esse problema foi diagnosticado e confirmado por todos os alunos entrevistados.

> Muitas vezes faltava a internet. Mas ruim mesmo era quando não abria a aula na TV ou no meio da aula, saía do ar. Ficava uma aula incompleta. Mesmo que o professor da sala continuava, não era a mesma coisa. Não era a aula que estava preparada (EG 05. Entrevista feita no dia 15 de novembro de 2020).

As aulas mediadas por tecnologia são transmitidas via satélite e por motivos de chuva, por exemplo, o sinal travava ou era mesmo interrompido. Outro problema verificado na pesquisa foi no ano de 2019, as aulas eram desatualizadas, pois eram do ano anterior. Ou seja, não eram mais ao vivo. Essa experiência foi bastante criticada pelos alunos.

Conforme afirma o relato do EG 05:

> *Não gostei de assistir aulas gravadas, foi esquisito. Só não desisti porque já era meu último ano. No começo não tinha sentido sentar e assistir aula que o professor deu ano passado. Mas depois eu foquei no conteúdo e consegui terminar meus estudos* (EG 05. Entrevista feita no dia 15 de novembro de 2020).

Conforme explana Aguiar (2018), houve problema no planejamento e na execução do projeto.

> Mesmo diante da possibilidade de universalização do acesso ao Ensino Médio, permitido pelo projeto, existem críticas a ele, proveniente, sobretudo, dos problemas de sua implementação na sala de aula e fora dela, da falta de infraestrutura para mediação pedagógica, além das dificuldades no exercício das atividades dos professores presenciais, por exemplo em relação a demora no envio do pacote pedagógico, tendo em vista que os materiais de ensino são enviados e recebidos pela plataforma educacional e por e-mail instantes antes das transmissão das aulas, recurso que necessita de boa conexão de internet. Situação que chama a atenção pois interfere diretamente na atuação do professor presencial quando ao planejamento e preparo das aulas com antecedência (Aguiar, 2018, p. 21).

Inclusive, as dificuldades mencionadas pela autora foram sentidas na prática pelos alunos em sala, como discorreu o EG 05:

> *Em alguns momentos, parecia que a coisa estava meio bagunçada. O professor na TV estava dando uma aula, e o professor na sala parecia estar procurando os assuntos*

> *das aulas. O professor dizia que a internet ruim difi-*
> *cultava o trabalho. Nem sempre o material chegava*
> *para as aulas* (EG 05. Entrevista feita no dia 15 de
> novembro de 2020).

Ainda como ponto negativo, destacado pelos egressos, é o fato de que uma parte do tempo em que estudaram não tinham os notebooks à disposição, conforme o relato do EG 01.

> *No começo não tínhamos o equipamento, mas logo em*
> *seguida chegaram. Às vezes não conseguíamos acompa-*
> *nhar as aulas, e eram poucos os que tinham celular para*
> *bater foto da explicação* (EG 01. Entrevista feita no
> dia 15 de novembro de 2020).

O problema de infraestrutura no projeto também está refletido nos dados nacionais de pessoas excluídas do acesso à internet. A pesquisa PNAD (2019) revelou que existem no Brasil 12,6% de pessoas desconectadas. Dados semelhantes podem ser observados em Rondônia, que tem 12,3% dos rondonienses desconectados. Quando se analisa a região Norte, a assimetria é maior, porque o número de desconectados sobe para 21,2%. E ao fazer uma comparação entre as regiões Sul e Sudeste, os dados revelam que existem grandes problemas de conexão no Brasil a serem superados. Enquanto o Sul e o Sudeste têm 9,4% e 7,8% de pessoas desconectadas da internet, respectivamente, o Norte e o Nordeste têm 21,2% e 20,2%, respectivamente.

4.2 As apropriações por parte dos egressos

O programa ajudou a incluir jovens que estavam fora da sala de aula no distrito de Calama. Alunos desses lugares tradicionais encontram muitas barreiras que os afastam das salas de aulas. O fato de logo cedo ter que ir trabalhar com os pais em atividades familiares é uma delas.

O relato do EG 05 reflete um pouco essa realidade.

> *Eu fiquei animado em estudar porque percebi que poderia*
> *ter uma profissão. Fiquei um tempo sem estudar porque*
> *queria buscar conhecimento fora de Calama, mas nunca*

> *pude devido às condições financeiras. Quando chegou a aula neste modelo, eu decidi não esperar mais e fazer o meu segundo grau. Aí eu gostei e conclui meus estudos* (EG 05 Entrevista feita no dia 15 de novembro de 2020).

Nessa mesma direção aduz o EG 08. Ele argumenta que chegou a ficar fora da sala de aula por um tempo. Atribuiu isso ao desânimo de continuar os estudos, por ser muito difícil concluir uma faculdade, tendo que se mudar de Calama.

> *Eu fiquei uns três anos sem estudar. Estava desanimado por não poder fazer uma faculdade aqui em Calama. Então eu parei de estudar. Quando veio esse modelo aí, eu me animei porque logo eu poderia fazer uma faculdade on-line e não tinha nem terminado o segundo grau. E eu vou aplicar na sequência dos meus estudos. Agora estou pronto para fazer minha faculdade* (EG 08 Entrevista feita no dia 15 de novembro de 2020).

Como visto, o EMMT conseguiu atingir os entrevistados 05 e 08 que moram em um lugar distante e a tecnologia foi o que os motivou a ingressarem no ensino médio e concluírem essa etapa dos seus estudos e seguem motivados a prosseguir indo para o nível superior.

A propósito, é importante mencionar uma das políticas públicas criadas em 2014, quando o projeto ainda era debatido na Assembleia Legislativa, cujo objetivo era ofertar uma ampliação do atendimento aos estudantes do ensino médio, bem como alunos de áreas rurais e de comunidades ribeirinhas que tinham dificuldades de estudar.

Outro ponto observado foi sobre a formação dos professores. Aqui vale destacar que segundo Aguiar (2018), no ensino médio em Rondônia, 96,5% dos professores têm graduação, porém só 42% possuem formação compatível com a área de conhecimento em que lecionam.

Esse número piora quando se sai das áreas urbanas e vai para o ensino no campo ou em comunidades ribeirinhas, por exemplo. Há relatos de alunos afirmando que estudaram várias disciplinas com um mesmo professor por faltar profissional com formação na área.

Nesse ponto, destaco o depoimento do EG 02:

> *Eu estudei com professor de matemática dando aula de física e química, porque não tinha professores para essas matérias. Os professores se esforçam, mas não é a mesma coisa* (EG 02. Entrevista feita no dia 15 de novembro de 2020).

Igualmente, pode-se extrair o depoimento do EG 01. O egresso entrevistado teve o mesmo professor em um ano e no outro ano, porém lecionando matérias diferentes. Com o EMMT, essa realidade foi transformada.

> *Porque no tempo que eu estava no ensino a distância foi umas das melhores maneiras de aprender, porque nas aulas regulares não conseguia aprender algumas disciplinas porque nem os professores sabiam explicar direito, porque num ano o professor de artes virava professor de geografia, de ciências virava de filosofia e assim era uma confusão e quem se dava mal éramos nós. Até que melhorou com a nova contratação de professores* (EG 01. Entrevista feita no dia 15 de novembro de 2020).

Acrescenta-se aos relatos o depoimento do EG 06:

> *[...] se não fosse esse projeto, não teríamos professores bons como tivemos. Porque aí cada professor é da área da matéria que estão dando. Porque muitas vezes um professor dava aula de três, quatro matérias, mesmo que não era da área deles* (EG 06. Entrevista feita no dia 15 de novembro de 2020).

Os professores foram treinados para ministrarem aulas ao vivo no modelo de mediação tecnológica. Sendo assim, ter professores de cada área ministrando aulas foi um diferencial no projeto e que atendeu a umas de suas justificativas para sua criação. Conforme a Figura 18, os professores ministrantes receberam treinamento para melhorar suas habilidades frente às câmeras para que nas aulas ao vivo pudessem ter uma boa desenvoltura. Mesmo sendo esses professores formados nas áreas das disciplinas que ministrariam, precisaram passar por um treinamento a fim de melhorar sua performance e utilizar com mais afinidade as tecnologias disponíveis naquele momento.

Figura 18 – Professores sendo treinados

Fonte: Silvano Marques (2017)

Somando-se a isso, outra parte positiva do EMMT foi destacada pelo EG 02. Este argumenta que com o projeto foi possível estudar com professores qualificados para a área em que estavam lecionando.

> *Eu achei os professores muito bom. Tanto os professores que deram as aulas por vídeos e também os professores da sala de aula. A gente sempre tinha aula com os mesmos professores e agora cada matéria tem um professor* (EG 02. Entrevista feita no dia 15 de novembro de 2020).

No mesmo sentido foi o relato do EG 04, de que o grupo de professores que lecionaram as matérias diversas durante o curso fizeram a diferença. Professores qualificados para a disciplinas que lecionam contribuem de maneira significativa para formação dos alunos. A falta de domínio do assunto que está sendo abordado pode afastar o alunado de sala de aula. O contrário tem o poder de motivar os alunos, conforme relato do EG 04.

> *Foi muito bom, porque nós conseguimos estudar com vários professores. Eu acredito que se não fosse todos os professores que nos deram aula, eu acho que eu não teria aprendido o que eu aprendi* (EG 04. Entrevista feita no dia 15 de novembro de 2020).

Diante disso, pode-se perceber que a implantação do sistema EMMT foi um divisor de águas na vida desses egressos, eis que tiveram oportunidades que jamais teriam se estivessem vivendo aquela realidade anterior ao projeto.

4.3 As escolhas a partir do EMMT

É possível afirmar que a chegada da internet está proporcionando opções de escolha para as pessoas que residem no distrito de Calama. Tais escolhas geram as liberdades indicadas por Sen (2010) e Kleine (2013), cujos indícios são voltados para o desenvolvimento. A palavra "desenvolvimento" tem vários significados. O conceito de desenvolvimento se apresenta de forma dinâmica e existe uma variação de seus indicadores de acordo com a cultura, o grau de evolução e as exigências do homem no próprio local de vida. O conceito de desenvolvimento vem evoluindo paralelamente à evolução do próprio homem, refletindo o modo de buscar a superação de seus problemas e suprir suas necessidades pelo aperfeiçoamento gradual e melhoria da qualidade de vida (Silva, 2009).

Importa, sobretudo, compreender que o desenvolvimento, ao ser diferenciado de crescimento econômico, traz implícito o entendimento de transformação e de evolução por incorporar a noção de mudança das estruturas econômica, social, cultural e tecnológica. Já no termo crescimento econômico está implícita apenas a ideia de expansão quantitativa (Dallabrida, 2010).

Para Schumpeter (1911), o desenvolvimento econômico corresponderia ao rompimento do fluxo circular por meio de inovações, e o crescimento seria a mera intensificação do fluxo circular sem a ocorrência de inovações. O estímulo fundamental que inicia e mantém o funcionamento da máquina capitalista ocorre das inovações.

De acordo com Furtado (2004), o crescimento econômico, tal como se conhece, vem se fundando na preservação de privilégios das elites que satisfazem seu afã de modernização. O desenvolvimento, por sua vez, caracteriza-se pelo seu projeto social, remetendo ao desenvolvimento econômico a sua distribuição.

Isso porque, conforme menciona Furtado (2004), o desenvolvimento econômico deve envolver o desenvolvimento social, o político e o sustentável.

Logo, o conceito histórico de desenvolvimento não seria diferente do conceito de crescimento, uma vez que as mudanças estruturais usualmente acompanham o processo de crescimento, como afirma Bresser-Pereira (2006). Nesse contexto, Amartya Sen (2000) recomenda que a definição de desenvolvimento econômico não seja limitada ao crescimento da renda per capita, certamente uma das definições mais consagradas.

Tais condições contribuem especificamente para a extensão de liberdades que possam vir a ser empregadas por parte de uma comunidade. Nas citações de Sen (2000), o desenvolvimento pode estar relacionado, principalmente, à melhoria da qualidade de vida das pessoas e ao crescimento de sua liberdade. Isso porque pode estar sujeito também a outras variáveis, expandindo as possibilidades no processo do desenvolvimento.

Para Kleine (2013), as Tecnologias da Informação e Comunicação (TICs) são tecnologias de diversos propósitos que podem ser ferramentas importantes para ampliar a disponibilidade de escolha, o senso de escolha que as pessoas têm, o uso que fazem delas e sua realização.

Em Calama, foi possível observar que a Educação aliada ou apoiada pela Tecnologia pôde proporcionar essas escolhas apontadas por Kleine (2013) e melhorar a qualidade vida, apontada por Sen (2000) como características do desenvolvimento. E isso está evidente nas palavras do EG 06.

> *Eu pude estudar e morar onde eu quero continuar morando. Talvez não tivesse essa chance se não fosse esse projeto. Agora eu posso até fazer minha faculdade EaD daqui mesmo. Há algum tempo isso era impossível. Estudar uma faculdade aqui de Calama, a gente não imaginava* (EG 06. Entrevista feita no dia 15 de novembro de 2020).

Os resultados dependem da escolha do indivíduo em relação à vida que se valoriza, podendo incluir, por exemplo, mais fácil comunicação, mais conhecimento e mais renda. Nesse contexto, é imprescindível a educação formal, que antes era negligenciada pelo poder público em Calama ou em outras comunidades de difícil acesso. Pela educação, as pessoas alcançam conhecimentos que podem gerar opções de escolhas em sua vida. Escolher viver onde nasceu ou buscar novos horizontes. Escolher se fixar na produção local ou, por exemplo, pensar em mudanças de logística para melhor distribuir sua produção vendida para uma cidade vizinha ou escolher uma cidade ou um estado distante para viver. Escolher aceitar o governo que tem (de prefeito a presidente e de vereador a senador), ou sair da condição passiva e exigir que seus direitos sejam respeitados. Escolher para os estudos no ensino médio ou concluir uma graduação e seguir em frente.

O EMMT proporcionou para três egressos a escolha de se mudar de Calama. Depois de se conectarem à internet, perceberam que existiam muitas possibilidades fora do distrito. O EG 08 conta que, ao estudar o ensino médio em Calama, teve acesso a tecnologias que não tinha tido contato antes, por exemplo o notebook. *"Quando conclui meus estudos, eu fiquei triste por não ter condições de comprar um computador para mim. Decidi morar em Porto Velho e dar continuidade em meus estudos"*. O egresso contou que foi muito difícil deixar sua família em Calama. Ao se mudar, foi morar na casa de uma tia e conta que logo conseguiu um emprego em uma loja de sapatos. *"Hoje eu continuo morando com minha tia, mas eu já tenho celular e um notebook que comprei para iniciar minha faculdade EaD"* (EG 08. Entrevista feita no dia 15 de novembro de 2020).

Essas escolhas são complexas, e para essa análise, Morin (1999, p. 63) diz que há complexidade na integração e desintegração do universo: "viver e morrer são partes do mesmo complexo biológico da vida dos seres". As escolhas são complexas e passam por uma construção multidisciplinar, que a educação pode proporcionar aos indivíduos onde eles estiverem. Segundo o autor, a multidisciplinaridade faz parte da construção e desconstrução, da organização e desorganização do universo, sendo muito pobre a vida unidisciplinar, fragmentada e ordenada.

4.4 O que disseram os ex-alunos sobre o Ensino Mediado por Tecnologia em Calama

No pensamento de Morin (1999), o mundo todo é indissociável e a construção do conhecimento é multidisciplinar e multirreferenciada. No pensamento do autor, a complexidade busca superar a lógica linear e reconhece uma nova concepção que tem como eixo a totalidade e a interconexão. Assim é o EMMT, multidisciplinar porque, além das disciplinas ensinadas, o aluno pode se apropriar do conhecimento da informática e do mundo digital, além de conviver, mesmo que de forma remota, com outras realidades totalmente adversas das que vive no seu dia a dia.

É importante ressaltar que a criação e implantação do EMMT em Rondônia foi num ambiente de muita rejeição. Já em andamento, o projeto sofreu forte oposição à proposta, realizando diversas mobilizações contrárias ao novo modelo de ensino. Por exemplo, a Universidade Federal de Rondônia (Unir), o Sindicato dos Trabalhadores de Educação de Rondônia (Sintero), a Federação dos Trabalhadores na Agricultura de Rondônia (Fetagro) e movimentos sociais ligados ao campo mobilizaram o CEE/RO, representantes políticos e o Ministério Público Estadual (MP/RO).

O EMMT começou sem que uma lei fosse criada na Assembleia Legislativa de Rondônia. Mas os protestos fizeram com que o governo enviasse em 2016 um projeto de leis ao parlamento estadual.

Nesse ínterim, o projeto de lei que instituiu o Projeto Ensino Médio com Mediação Tecnológica no Estado de Rondônia foi aprovado com 17 votos a favor e 5 contra, resultando na Lei n.º 3.846, de 4 de julho de 2016, regulamentada na Seduc pela Portaria 2264/GAB/Seduc, de 6 de julho de 2016, quando o ensino já estava acontecendo nas escolas desde o início do daquele ano.

Simultaneamente ao programa em andamento, pôde se perceber a dificuldade que os alunos enfrentaram no início do projeto. Nesta pesquisa, foram identificadas as seguintes dificuldades: falta de conexão e qualidade da internet; falta de computadores em parte do período para os alunos; ausência do sinal do satélite em algumas ocasiões; e aulas gravadas quando deveriam ser ao vivo. Esses problemas foram justamente os que as entidades contra o projeto alegavam que poderiam acontecer e aconteceram. Os fatos descritos acima demonstram que as entidades tinham razão em suas preocupações, quando questionaram o projeto na sua implantação.

Desse modo, a falta de conexão e qualidade da internet afetou a interação entre os alunos e o professor ministrante no centro de mídias, pois o chat, para funcionar, dependia de conexão estável. Esse fator prejudicou muito as aulas que estavam preparadas para a interação síncrona com o professor no momento de tirar dúvidas. Essa ausência do equipamento impossibilitou aos alunos rever as aulas e fazer pesquisas, o que interferiu na autonomia do aluno. Um relatório feito pelo governo de Rondônia em 2016 demostrou nitidamente essa realidade.

Igualmente, a falta de computadores, não fornecidos pelo projeto aos alunos, em parte de período frustrou os estudantes que não tinham a ferramenta para usar o chat e fazer suas pesquisas.

> Observamos que as principais dificuldades dos alunos são: Estudar em casa as disciplinas; Falta de interação com o professor ministrante; Falta de interação no chat; notebook sem funcionamento; Falta de internet; Déficit de atenção (Rondônia, 2016b, p. 9).

Posteriormente, em 2017, a falta dos equipamentos ocorreu novamente no segundo ano em que os alunos se matricularam no EMMT. No entanto, no mês de agosto de 2018, os alunos voltaram a ter seus notebooks. O ano já se aproximava do fim e a primeira turma se formava em dezembro.

Observa-se que parte do ensino foi desenvolvida de forma precária, novamente prejudicando os alunos. As aulas ministradas neste período já não tinham as características metodológicas iniciais e planejadas.

As implicações dessa falta de sequência na política pública em relação ao EMMT foram analisadas por Henrique (2021, p. 124).

Em 2017, houve uma queda no percentual de aprovação e um índice bem maior de alunos retidos. Comparando 2016 com 2017, houve queda significativa no percentual de aprovação: de 82% para 72%, e um percentual bem maior de alunos retidos: de 2,9% para 7,6%. Isso pode ser explicado em parte pelo fato de que os alunos matriculados no primeiro ano em 2017 não receberam notebook e a falta do equipamento, como já foi dito, comprometeu a metodologia de ensino e prejudicou o aproveitamento dos alunos. Importante ressaltar que embora os dados revelem bons resultados de aprovação nos anos analisados, persistiu um percentual alto de desistentes, o que é muito preocupante. Além disso 2018, registrou 6,2% de transferidos.

Portanto, a falta de estrutura pode estar relacionada diretamente à queda do percentual de aprovação em 2017. De acordo com a autora, pelo menos parte dos números negativos de 2017 vem do grupo de alunos que não receberam o notebook e teve problemas com a conexão de internet.

Logo após a turma que se formou em 2020, o projeto enfrentou outro grande problema: a falta de aulas ao vivo. Isso porque o convênio com o Ifro não foi renovado e as aulas foram repetidas do ano anterior. Mais uma frustração gerada aos alunos e de novo não foi respeitado o que foi pactuado na Lei que instituiu o EMMT em Rondônia. Inclusive, a consequência desse problema foi percebida na entrevista com o EG 06.

> Às vezes me dava desânimo em estudar. No último, as aulas eram gravadas, isso era muito chato porque nós não podíamos conversar pelo chat com o professor que estava ministrando as aulas. O que salvava era o professor presencial, que tirava nossas dúvidas, mas nem sempre o professor presencial era da matéria que estava sendo dada pelo professor que estava na aula gravada (EG 06. Entrevista feita no dia 15 de novembro de 2020).

Esse problema relatado mostra que a falta de estrutura, em relação às aulas ao vivo, precarizou o ensino-aprendizagem dos alunos.

Outro problema encontrado é a massificação da Educação. Um currículo igual para todos os alunos que estão espalhados pelo estado de Rondônia, em realidades diferentes uns dos outros. Como o professor ministrante leciona para dezenas de sala de aulas, e que estão em localidades como áreas indígenas, ribeirinhas e outros, fica difícil contextualizar o ensino na realidade dos alunos. Henrique (2021) afirma que o currículo do EMMT precisa estar no contexto de cada realidade e que essa falha gera prejuízo ao aluno. "No currículo contextualizado, o processo de ensino-aprendizagem acontece num contexto de significados, proporcionando aos educandos associar o cotidiano às discussões as discussões feitas em sala de aula" (Henrique, 2021, p. 132). No entendimento da autora, o EMMT tem por característica o modelo de aula centralizada em um estúdio em Porto Velho.

Pelo que afirma D'Ambrosio (2015), o ensino e o conhecimento devem ser construídos a partir da realidade dos alunos, e nesse sentido a Matemática deve ser ensinada de acordo com a maneira como os educandos vivem. Em outras palavras, não se deve levar em consideração o contexto e o cotidiano de um morador de uma área urbana para retransmiti-los em forma de conteúdos matemáticos para os moradores da zona rural. Seus hábitos, pensamentos e conhecimentos prévios seguem por linhas diferentes de raciocínio.

A ligação "matemática e cotidiano" proporciona entendimentos mais claros dos conteúdos, provoca o interesse do aluno ao tempo que as experiências da sala de aula começam a fazer sentido na sua casa ou do trabalho vivenciado na sua cultura. Incumbe ao professor consentir para o seu aluno o modo com que a Matemática pode cooperar na solução de problemas na sua casa ou na sua comunidade. De acordo com D'Ambrosio (2015, p. 31), "sem uma compreensão clara de como a Matemática pode contribuir para a solução de questões urgentes, os educadores matemáticos poderão estar falhando na sua importante responsabilidade ética, mesmo que estejam ensinando eficiente a Matemática dos programas". Avaliar o espaço em que o aluno está inserido e explorar o seu conhecimento prévio é dar ao aluno a oportunidade de expor suas ideias e a chance de aprender a viver em plenitude a sua cultura. Para Moran (2000, p. 25), "[...] o conhecimento se dá fundamentalmente pelo processo de interação e de comunicação". Fica evidente que o diálogo é a forma que o aluno tem para mostrar sua verdadeira identidade (Freire, 1987). Nesse sentido, a falta de infraestrutura, o currículo padronizado, o processo de criação do programa de forma não consensual tem prejudicado os alunos do EMMT. Quanto ao currículo contextualizado, é uma necessidade de adequação no projeto de educação mediada por tecnologia de Rondônia.

Mas é preciso refletir os pontos positivos do projeto, no entendimento dos egressos, que são os seguintes: ter aulas com professores formados em suas áreas; não precisar se mudar de Calama para estudar; ter contato com tecnologias como, por exemplo, o notebook; e ter acesso à internet. Esses são pontos cruciais que fizeram a diferença e, por mais que tenham enfrentado dificuldades, ainda assim o projeto foi valioso.

O EMMT solucionou o problema de não ter professores habilitados para todas as disciplinas, alocando professores para ministrarem aulas de acordo com sua respectiva formação, como física, química, português, conforme relatado por alunos entrevistados.

O acesso à internet, previsto na implantação do programa, permite ao jovem autonomia em seus estudos. Por exemplo, o aluno poderia, durante a aula, acessar um chat e ter interação com o professor ministrante. O aluno que teve o acesso à internet pôde fazer pesquisa sobre os assuntos abordados em sala de aula e, dessa forma, complementar seus estudos para além da aula ministrada. A acesso à internet permite ao aluno contextualizar o que está aprendendo. A entrada desse aluno no espaço cibernético o coloca diante de inúmeras possibilidades, que podem gerar opções de escolhas, no contexto social, cultural e econômico. Essa inclusão se conecta com os depoimentos de alunos que afirmaram que, além de aprenderem o conteúdo ministrado, foi possível acessar a internet, o que despertou novos conhecimentos nos egressos. Para Castells (2005), as TICs moldaram a nova forma de sociedade: "Passamos de um capitalismo industrial para um capitalismo informacional, em que as TICs têm grande influência nas relações" (p. 115).

O contato com tecnologias, por exemplo o notebook, proporcionado pelo EMMT foi fundamental para o processo de aprendizagem. Com o equipamento e o acesso à internet, os alunos podiam baixar as aulas e assistirem quantas vezes quisessem em casa. Isso os ajuda a esclarecer pontos em que não foram totalmente compreendidos durante a aula ao vivo.

Um dos fatores mais importantes do EMMT, senão o principal, foi a oportunidade de estudar sem precisar sair de Calama. Os alunos vislumbraram que poderiam fazer o ensino médio e depois ingressar em uma faculdade sem precisar sair do lugar onde moram. Essa escolha se concretizou com os egressos 05, 06 e 08. Todos disseram que já estavam iniciando sua nova jornada ao ingressarem no nível superior.

Outro ponto positivo que não foi mencionado pelos alunos, porém constado durante a pesquisa documental, foi o de incluir o máximo de alunos que estavam fora da sala de aula no processo de ensino-aprendizagem, como foi o caso do EG 06. Muitos alunos em Calama estavam fora da sala de aula por não enxergar uma possibilidade de fazer uma graduação, ou por não se sentirem desafiados a concluir o ensino médio. O projeto, no início, chamou a atenção dos alunos e parte dos que estavam parados voltaram para sala de aula. No relato dos alunos foi possível perceber que o EMMT e a chegada de internet possibilitaram enxergar a possibilidade de concluir o ensino médio e seguir para uma graduação EaD. Sem a expectativa de seguir os estudos, alguns alunos se desmotivaram em concluir o ensino médio.

> *Para mim está sendo muito bom. Eu penso em continuar a estudar e isso me ajuda e decidir o que eu quero fazer. Além de que meus pais não tiveram a mesma chance que eu, então tenho que aproveitar mesmo* (EG 06. Entrevista feita no dia 15 de novembro de 2020).

O estudo mediado por tecnologia ainda proporcionou aos alunos poder ter o primeiro contato com a internet e o com notebooks, ferramentas que vão utilizar quando forem fazer uma faculdade EaD, única opção em Calama.

> *Fiquei feliz em concluir os meus estudos e agora poder pensar numa faculdade. Me sinto mais preparado para fazer uma faculdade a distância, porque já me acostumei a mexer no computador e até mesmo estudar usando essas tecnologias* (EG 06. Entrevista feita no dia 15 de novembro de 2020).

Vale frisar que, no âmbito de melhorias, tanto estudantes quanto documentos pesquisados revelam as questões de aspecto de infraestrutura, como sinal de satélite, notebooks para os estudantes, energia elétrica e acesso à internet. Nesse contexto, observamos que, de acordo com Quintela (2019), para a efetivação do projeto, como política pública governamental, é necessário um investimento real para que os objetivos de aprendizagem, de acesso e de democratização da escola sejam atingidos em sua totalidade.

É de consenso que o projeto proporciona acesso à escola, amplia a escolarização de populações em locais de difícil acesso, contribui para o alcance da meta 11 do Plano Nacional de Educação (PNE) em trazer o ensino profissionalizante e, do ponto de vista de uma política pública governamental voltada à educação, pode ser revigorada com melhorias.

5

CONSIDERAÇÕES FINAIS

A presente pesquisa buscou analisar as apropriações dos egressos do EMMT, da escola estadual General Osório, no distrito de Calama, município de Porto Velho, a partir da tese de que a Educação mediada por tecnologia, aplicada em lugares de difícil acesso, contribui para que existam ações que possibilitem escolhas aos egressos ao término do ensino médio. O EMMT foi implantado em Rondônia em 2016, com objetivo de preencher algumas lacunas que impactavam de forma negativa a educação no estado. Um dos objetivos era a universalização da educação no local. Isso porque no estado, segundo a Pesquisa Nacional por Amostra de Domicílio (PNAD, 2019), pelo menos 70 mil jovens entre 15 e 17 anos estavam fora da sala de aula.

Conforme relato dos egressos entrevistados, o EMMT foi capaz de motivar e proporcionar que alunos que estavam fora da sala de aula retornassem com seus estudos, pensando em prosseguir com uma graduação, seja EaD ou seja saindo de Calama e buscando novos caminhos. Já os que estavam na idade correta, também foram atingidos com o programa, proporcionado o estudo das matérias oferecidas no projeto, mas principalmente colocando os alunos em contato com várias tecnologias usadas na educação mediada por tecnologia. Assim, esse resultado leva a um de nossos objetivos específicos, que é o de diagnosticar a política pública de acesso à educação e sua efetividade pelo olhar dos egressos.

O objetivo procurado pelo EMMT é zerar a falta de professores formados nas disciplinas que estão ministrando. De acordo com o levantamento do Movimento Todos pela Educação (2014), 46,3% dos 494 mil professores que trabalham no ensino médio no Brasil atuam em pelo menos uma disciplina na qual não têm formação. O levantamento revela um outro dado ainda mais alarmante: um terço, 32,3%, só ministra aulas em disciplinas que não tem formação. O estudo apontou que a situação é mais crítica em disciplinas como Física, Química e Matemática (IBGE, 2015). Em Rondônia, o percentual de professores do ensino médio com formação superior é 96,5%, entretanto, apenas 42% dos professores habilitados possuem formação superior compatível com a área de conhecimento em que lecionam nessa modalidade.

Segundo relatos dos egressos, esse problema foi solucionado, pois professores formados e professores em todas as disciplinas foram apontados na entrevista com o EG 06.

Restou comprovado que o EMMT é uma política pública que vem trazendo grandes contribuições na vida de pessoas que antes eram privadas do acesso à educação.

Nesse modelo de ensino, os alunos dirigem-se a uma escola onde recebem aulas ao vivo, via satélite, ministradas por um professor ministrante que está num estúdio. Os alunos acompanham essas aulas com outro professor presencial. As escolas, espalhadas por todo o estado, foram equipadas para que o projeto fosse implantado.

Com a conclusão das primeiras turmas de EMMT na educação básica, foi possível afirmar que houve contribuições dessa política para os egressos dessa comunidade ribeirinha de difícil acesso na Amazônia.

Isso porque, ao cruzar os dados colhidos em campo com o que pensam autores que já escreveram sobre o tema — a Educação Mediada por Tecnologia —, foi possível evidenciar quais contribuições o EMMT promoveu na vida dos egressos para que existam possibilidades de escolhas que tenham provocado o desenvolvimento na vida de cada pesquisado.

A partir da coleta de dados e os estudos teórico-conceituais, foi possível entender que o EMMT é uma ferramenta que possibilita aos alunos não apenas obter o conhecimento que poderiam ter em um modelo de ensino presencial, mas que, mesmo estando em um lugar distante, permite que eles possam se conectar com o mundo, provocando transformações no imaginário desses alunos.

Eles percebem que, estando em Calama ou em qualquer outro lugar, existem muitas possibilidades para fazerem suas escolhas além das que eles tiveram até aquele momento, antes de ficaram frente a frente com uma nova tecnologia usada na Educação.

Nesse sentido, foi possível constatar que os alunos agregaram conhecimento repassado pelos professores do EMMT na aprendizagem, mas também foi possível enxergar as transformações que esses egressos tiveram, quando foram afetados pelas tecnologias, estando em um lugar que os privava de acompanhar a evolução tecnológica que viviam as pessoas que residem nos grandes centros urbanos. Por exemplo, a escolha, feita por três egressos, de se mudaram do lugar onde nasceram e, assim, modificando a estrutura familiar em que normalmente os filhos crescem e constituem uma nova família perto dos pais. Outra transformação é a escolha de retomar seus estudos, que estavam parados, e logo voltar a sonhar com as possibilidades de melhoria de vida, no sentido da renda familiar.

Cabe olhar para a convergência entre ciência, tecnologia, sociedade, ser humano e planeta para, assim, concluir que o EMMT foi capaz de provocar transformações na vida dos egressos pesquisados. Nesse sentido, está aí a resposta para outro objetivo específico desta pesquisa, que foi analisar as possibilidades de escolhas provocadas pela educação mediada por tecnologia na percepção do egresso.

Diante da pesquisa documental, pode-se perceber que o projeto enfrentou resistência quanto sua implantação. A criação e aplicação do EMMT em Rondônia foi num ambiente de muita rejeição. Já em andamento, o projeto sofreu forte oposição à proposta, realizando diversas mobilizações contrárias ao novo modelo de ensino. Por exemplo, a Universidade Federal de Rondônia (Unir), o Sindicato dos Trabalhadores de Educação de Rondônia (Sintero), a Federação dos Trabalhadores na Agricultura de Rondônia (Fetagro) e movimentos sociais ligados ao campo mobilizaram o CEE/RO, representantes políticos e o Ministério Público Estadual (MP/RO).

E de acordo com os resultados encontrados nesta pesquisa, as falas dos egressos revelaram que dois grandes problemas ocorreram no decorrer do curso, antes de formar a primeira turma. Esses dados vão ao encontro de outro objetivo especifico desta pesquisa: investigar a estrutura física para transmissão das aulas disponibilizada pelos órgãos públicos.

Nesta pesquisa, foram identificadas as seguintes dificuldades: falta de conexão e qualidade da internet; falta de computadores em parte do período para os alunos; ausência do sinal do satélite em algumas ocasiões; e aulas gravadas quando deveria ser ao vivo. E eram esses os problemas que as entidades contra o projeto alegavam que poderiam acontecer.

À luz do que relataram os egressos, a falta de conexão e a qualidade da internet foram fatores que interferiram de forma negativa na interação entre os alunos e o professor ministrante. Essa falta de estrutura, já prevista pelas entidades que discutiram o projeto no âmbito de sua criação, ocorreu na prática e prejudicou muito o processo de ensino-aprendizagem.

Outra falha no andamento do EMMT foi o fato de o estado não ter disponibilizado computadores em parte do período para os alunos. Esse fator interferiu na didática e no planejamento de aula dos professores, pois a ausência do equipamento não possibilitou aos alunos reverem as aulas, fazerem pesquisas e, assim, prejudicando a autonomia do estudante. A falta de aulas ao vivo foi outro grande problema que ocorreu porque o convênio com o Ifro não foi renovado e as aulas foram repetidas do ano anterior. Fica evidente que os investimentos em infraestrutura nas escolas onde os alunos assistem às aulas não foram o suficiente para que os alunos tivessem aulas com a qualidade que foi garantida na lei que criou o projeto.

No entanto, conclui-se por meio desta pesquisa que o EMMT em Calama contribuiu de forma direta na vida dos egressos pesquisados. Eles apontaram transformações por ocasião da Educação Mediada por Tecnologia. Responde-se outro objetivo específico desta pesquisa, que é verificar quais apropriações os egressos do Ensino Médio Mediado por Tecnologia tiveram em sua vida. O projeto fez agregar o conhecimento com as disciplinas, porém, foi capaz de proporcionar um ambiente em que o egresso pôde se apropriar do ecossistema tecnológico que ampara o EMMT. Nesse sentido, mais que concluir o ensino médio, o caminho que seguiriam estava disponível para suas escolhas. Essas escolhas são fundamentais, de acordo com Sen (2000), para que uma localidade se desenvolva, proporcionando qualidade de vida aos locais.

Segundo Morin (1999), a superação do conhecimento nos conduzirá a um metassistema, que nos levará à ignorância a respeito de algo e, assim, apesar de avançarmos em conhecimento, deparamo-nos com a ignorância e voltamos à necessidade de pesquisar. A análise de uma parte dos dados foi apoiada na teoria da complexidade sustentada por Morin (1999). O autor argumenta que a fragmentação do saber deixa transparecer lacunas.

Sendo assim, o tema educação mediada por tecnologia em comunidades de difícil acesso e na visão dos egressos precisa continuar em pesquisa para que se aprofunde ainda mais. É necessário estudos como, por exemplo, a avaliação de desempenho dos egressos do EMMT a fim de comparar o aproveitamento do conteúdo ministrado. Pode-se, também, verificar as consequências de um currículo centralizado adotado no EMMT.

REFERÊNCIAS

AGUIAR, L. D. **Ser e fazer-se docente no ensino médio mediado por tecnologia:** o caso do professor presencial de Rondônia. 2018. Dissertação (Mestrado em Gestão e Avaliação da Educação Pública) – Programa de Pós-graduação em Gestão e Avaliação da Educação Pública da Universidade Federal de Juiz de Fora, Juiz de Fora, 2018.

ALMEIDA, M. E. B. Educação a distância na internet: abordagens e contribuições dos ambientes digitais de aprendizagem. **Educação e Pesquisa,** São Paulo, v. 29, p. 327-340, jul./dez. 2003.

ALMEIDA, M. E. B.; VALENTE, J. A. **Tecnologias e currículo:** trajetórias convergentes ou divergentes? São Paulo: Paulus, 2011.

BACICH, L.; NETO, A. T.; TREVISANI, F. M. **Ensino híbrido:** personalização e tecnologia na educação. São Paulo: Penso, 2015.

BARDIN, L. **Contentanalysis.** São Paulo: Edições 70, 2011.

BARRETO, R. G. A apropriação educacional das tecnologias da informação e comunicação. *In:* LOPES, Alice Casemiro; MACEDO, Elizabeth (org.). **Currículo:** debates contemporâneos. São Paulo: Cortez, 2002. p. 13, 37.

BARROS, P. M. **Os futuros professores do 2.º ciclo e a estocástica:** dificuldades sentidas e o ensino do tema. 2003. 295 f. Tese (Doutorado em Supervisão Pedagógica) – Associação de Professores de Matemática, Universidade do Minho, Minho, 2003.

BRASIL. Presidência da República. **Decreto-Lei Federal 7.470, de 17 de abril de 1945.** Fixa a divisão administrativa e judiciária do Território Federal do Guaporé. Rio de Janeiro: Presidência de República, 1945. Disponível em: http://www.planalto.gov.br/ccivil_03/decreto-lei/1937-1946/del7470.htm#:~:text=decreto%2dlei%20n%c2%ba%207.470%2c%20de,art. Acesso em: 20 jan. 2021.

BRASIL. **Constituição da República Federativa do Brasil.** Brasília, DF: Senado Federal: Centro Gráfico, 1988.

BRASIL. Lei n.º 9.394, de 20 de dezembro de 1996. Estabelece as Diretrizes e Bases da Educação Nacional e dá outras providências. **Diário Oficial da União,** Brasília, DF, 23 dez. 1996. Disponível em: http://www.planalto. gov.br/ccivil_03/Leis/L9394.htm. Acesso em: 7 jun. 2021.

BRASIL. Conselho Nacional de Educação. Câmara de Educação Básica. **Resolução CNE/CEB n.º** 3, de 26 de junho de 1998. Estabelece Diretrizes Curriculares Nacionais do Ensino Médio. Brasília, DF: CNE; CEB, 1998.

BRASIL. Decreto n.º 9.057, de 25 de maio de 2017. Regulamenta o Art.80 da Lei n.º 9.394, de 20 de dezembro de 1996. **Diário Oficial da União,** Brasília, DF, 25 maio 2017. Disponível em: http://www.planalto.gov.br/ ccivil_03/_ato2015-2018/2017/decreto/D9057.htm. Acesso em: 4 jul. 2021.

BRASIL. Conselho Nacional de Educação. Câmara de Educação Básica. **Resolução CNE/CEB n.º** 3, de 21 de novembro de 2018. Atualiza as Diretrizes Curriculares Nacionais do Ensino Médio. Brasília, DF: CNE; CEB, 2018.

BRASIL. Ministério da Educação (MEC). **Mídias na Educação.** 2020a. (on-line). Disponível em: http://portal.mec.gov.br/midias-na-educacao. Acesso em: 10 abr. 2020.

BRASIL. Ministério da Educação (MEC). **ProInfo Integrado.** 2020b. (on-line). Disponível em: http://portal.mec.gov.br/pec-g/271-progra-mas-e-acoes-1921564125/seed-1182001145/13156-proinfo-integrado. Acesso em: 10 abr. 2021.

BUFALO, K. S. Vida e Saúde: desde 1939 boas ideias para você viver bem. **Casa Publicadora Brasileira,** São Paulo, v. 10, out. 2018.

CASTELLS, M. A Sociedade em rede. **A era da informatização:** economia, sociedade e cultura. 2. ed. São Paulo: Paz e Terra, 1999.

CASTELLS, M. **A sociedade em rede.** São Paulo: Paz e Terra, 2005.

COSTA, J. R. **Atuação do Professor Presencial no Projeto Ensino Médio Presencial com Mediação Tecnológica no município de Parintins/AM.**

2015. 176 f. Dissertação (Mestrado em Gestão e Avaliação da Educação Pública) – Programa de Pós-Graduação em Gestão e Avaliação da Educação Pública da Universidade Federal de Juiz de Fora, Juiz de Fora, 2015.

D'AMBROSIO, B. Insubordinação criativa na educação e na pesquisa: das disciplinas à transdisciplinaridade. *In:* D'AMBROSIO, Beatriz; LOPES, Celi. (org.). **Vertentes da subversão na produção cientifica em educação Matemática**. Campinas: Mercado de letras, 2015. p. 17-42.

DALLABRIDA, V. R. A gestão social dos territórios nos processos de desenvolvimento territorial: uma aproximação conceitual. **Sociedade, Contabilidade e Gestão**, [*S. l.*], v. 2, n. 2, 2010.

DAVIDSON, J.; DIGREGORIO, S. **Qualitative Research & Technology:** in the Midst of a Revolution. 2007 (on-line). Disponível em: https://uml.dspacedirect.org/bitstream/handle/11318/140/diGregorioDavidson-Contexts-QDAS-ICQI2007.pdf?sequence=1&isAllowed=y. Acesso em: 6 mar. 2021.

DIAS, N. N. **A cultura e o hibridismo tecnológico no Programa Ensino Médio Presencial com Mediação Tecnológica:** um estudo de caso. 2018. 170 f. Dissertação (Mestrado em Sociedade e Cultura na Amazônia) – Universidade Federal do Amazonas, Manaus, 2018.

DOWBOR, L. Educação e desenvolvimento local. **Globalização, educação e movimentos sociais**, [*S. l.*], v. 40, p. 22-36, 2006.

DUARTE, R. Pesquisa qualitativa: reflexões sobre o trabalho de campo. **Caderno de Pesquisa**, São Paulo, 2002.

FARIAS, C. H. B. As relações Interpessoais: conflitos e suas implicações. *In:* CONGRESSO INTERNACIONAL DE EDUCAÇÃO. 3., 2009. **Anais** [...]. Santa Maria, 2009.

FOFONCA, E.; DIAS, M. A. R.; COSTA, K. A. S. da. A integração de tecnologias digitais e a constituição de metodologias interativas e dialógicas: desafios e possibilidades na Educação Superior. **Revista Pesquisa em Discurso Pedagógico**, PUC-Rio, nov. 2017. Disponível em: https://www.maxwell.vrac.pucrio.br/colecao.php?strSecao=resultado&nrSeq=32160@1. nov.2017. Acesso em: 13 out. 2021.

FONSECA, J. J. S. **Metodologia da pesquisa científica.** Fortaleza: UEC, 2002. Apostila.

FREIRE, P. **Pedagogia do Oprimido.** 1. ed. Rio de Janeiro: Paz e Terra, 1987.

FREIRE, P. **Pedagogia do Oprimido.** 4. ed. Rio de Janeiro: Paz e Terra, 1996.

FUNDAÇÃO LEMANN. Dados do Estado de Rondônia. **Portal QEdu,** 2017a. Disponível em: http://www.qedu.org.br/estado/122-rondonia/taxas-rendimento. Acesso em: 10 set. 2021.

FUNDAÇÃO LEMANN. Educação Conectada: nova política nacional para conectar escolas públicas. **Fundação Lemann,** 2017b. (on-line). Disponível em: https://fundacaolemann.org.br/noticias/educacao=-conectada?gclid-EAIaIQobChMIoqnMgJGc7AIVwYORCh2syAckEAAYASAAEgLjUPD_BwE. Acesso em: 10 jan. 2021.

FURTADO, C. M. **Dialética do desenvolvimento.** Rio de Janeiro: Fundo de Cultura, 1964.

GALVÃO, L. C. As tecnologias digitais na formação de Radiojornalismo: uma questão a ser debatida no âmbito da convergência das mídias. **Revista Mediação,** [S. l.], v. 15, n. 17, 2013.

GERHARDT, T. E.; SILVEIRA, D. T. **Métodos de pesquisa.** São Paulo: Plageder, 2009.

GESSER, V. Novas tecnologias e educação superior: Avanços, desdobramentos, Implicações e Limites para a qualidade da aprendizagem. **IE Comunicaciones: Revista Iberoamericana de Informática Educativa,** [S. l.], n. 16, p. 23-31, 2012.

GIL, A. C. **Como elaborar projetos de pesquisa.** 4. ed. São Paulo: Atlas, 2007.

HENRIQUE, M. A. S. A. **O Ensino Médio com mediação tecnológica:** Desafios da equidade ante a diversidade educacional do campo no estado de Rondônia. 2021. Dissertação (Mestrado em Educação) – Programa de Pós-Graduação *Stricto Sensu* em Educação da Universidade do Vale do Itajaí, Itajaí, 2021.

INSTITUTO BRASILEIRO DE GEOGRAFIA E ESTATÍSTICA (IBGE). **Censo Demográfico.** Rio de Janeiro: IBGE, 2016a. Disponível em: https://www.ibge.gov.br/. Acesso em: 15 jul. 2020.

INSTITUTO BRASILEIRO DE GEOGRAFIA E ESTATÍSTICA (IBGE). **Dados estatísticos e populacionais.** Rio de Janeiro: IBGE, 2016b. Disponível em: https://www.ibge.gov.br/. Acesso em: 16 jul. 2020.

INSTITUTO BRASILEIRO DE GEOGRAFIA E ESTATÍSTICA (IBGE). Síntese de Indicadores Sociais – Rio de Janeiro 2014. Brasília, DF: IBGE/PNAD, 2017.

INSTITUTO BRASILEIRO DE GEOGRAFIA E ESTATÍSTICA (IBGE). **Síntese do Estado de Rondônia.** Dados 2015/2016. IBGE, 2016. (on-line). Disponível em: http://www.ibge.gov.br/estadosat/perfil.php?sigla=ro. Acesso em: 13 set. 2021.

INSTITUTO BRASILEIRO DE GEOGRAFIA E ESTATÍSTICA (IBGE). **Pesquisa Nacional por Amostra de Domicílios:** educação e qualificação profissional: 2014. Rio de Janeiro: IBGE, 2017.

KLEINE, D. **Technologies of choice:** ICTs, development, and the capabilities approach. São Paulo: MIT Press, 2013.

KNECHTEL, M. R. **Metodologia da pesquisa em educação:** uma abordagem teórico-prática dialogada. Curitiba: Intersaberes, 2014.

LEMOS, A. **Cibercultura.** Porto Alegre: Sulina, 2002.

LÉVY, P. **As tecnologias da inteligência:** o futuro do pensamento na era da informática. Tradução: Carlos Irineu da Costa. 2. ed. São Paulo: Edições 34, 2010.

LUBIANA, A.; CARNIELLO, M. F.; GALVÃO JUNIOR, L. C. As tecnologias da informação e comunicação como processo de inclusão dos ribeirinhos do Baixo Madeira em Porto Velho (RO). **Revista Internacional de Folkcomunicação,** [S. l.], v. 17, n. 38, p. 30-46, 2019.

LÜDKE, M.; ANDRÉ, M. **Pesquisa em educação:** abordagens qualitativas. São Paulo: EPU, 1986.

MARTÍN-BARBERO, J. **La Educación desde lacomunicacion.** Buenos Aires: Norma, 2002.

MARTINS, G. A. **Estudo de caso.** São Paulo: Atlas, 2008.

MATEUS, M. C.; BRITO, G. S. Celulares, smartphones e tablets na sala de aula: complicações ou contribuições. *In*: CONGRESSO NACIONAL EM EDUCACAO–EDUCERE. 10., 2011. **Anais** [...]. Pontifícia Universidade Católica, Paraná, Curitiba, 2011.

MATTOS, J. E. G. S.; BARBOSA, D. M. F. Educação a Distância: Desafios no Ensino Superior. **Maiêutica** - Cursos de Gestão, [*S. l.*], v. 3, p. 29-36, 2015.

MENDES, A. TIC – Muita gente está comentando, mas você sabe o que é? **Portal iMaster**, mar. 2008. Disponível em: https://imasters.com.br/devsecops/tic-muita-gente-esta-comentando-mas-voce-sabe-o-que-e. Acesso em: 7 out. 2021.

MORAES, M. C. **Subsídios para fundamentação do Programa Nacional de Informática na Educação.** Brasília, DF: Secretaria de Educação a Distância; Ministério de Educação e Cultura, 1997.

MORAN, J. M. **A Integração das Tecnologias na Educação.** São Paulo: Núcleo de Educação à Distância do Senac-SP, 2007.

MORAN, J. Ensino e aprendizagem inovadores com tecnologias. **Informática na educação,** [*S. l.*], v. 3, n. 1, p. 137-144, set. 2000.

MORIN, E. **O pensar complexo:** Edgar Morin e a crise da modernidade. São Paulo: Garamond, 1999.

MOROSINI, M. C. Qualidade e Pesquisa em Educação Superior: algumas tendências. *In:* BULIN, E. M. M. P.; BERBEL, N. A. N. (org.). **Pesquisa em Educação:** inquietações e desafios. Londrina: UEL, 2012. p. 47, 64.

MOURA, A. **Geração Móvel:** um ambiente de aprendizagem suportado por tecnologias móveis para a "Geração Polegar". 2012. Dissertação (Mestrado em Tecnologias de Informação e da Comunicação) – Universidade do Moinho, Moinho, 2012.

NUNES, I. B. Educação a distância e o mundo do trabalho. **Tecnologia educacional,** Rio de Janeiro, v. 21, n. 107, jul./ago. 1992.

OBSERVATÓRIO DO PNE. Formação de professores. **Metas PNE,** 2016. Disponível em: http://www.observatoriodopne.org.br/metas-pne/15-formacaoprofessores/dossie-localidades. Acesso em: 15 set. 2021.

OLIVEIRA, D. E.; GASPARIN, João Luiz. A educação a distância como alternativa à formação de professores da educação básica. **Rev. Teoria e Prática da Educação,** [S. l.], v. 15, p. 25-37, 2012.

PESQUISA NACIONAL POR AMOSTRA DE DOMICÍLIOS (PNAD). 2019. Disponível em: http://www.ibge.gov.br. Acesso em: 18 set. 2021.

PRODANOV, C. C.; FREITAS, E. C. **Metodologia do trabalho científico:** métodos e técnicas da pesquisa e do trabalho acadêmico. 2. ed. Novo Hamburgo: Feevale, 2013.

QUINTELA, A. J. F. **O ensino mediado por tecnologias:** um recorte da escola na Amazônia ocidental brasileira. São Paulo: Pipa Comunicação, 2019.

RABELO, M. S. S. EaD, a educação presente nas comunidades ribeirinhas da Amazônia brasileira. **Educandi&Civitas,** [S. l.], v. 1, n. 2, p. 65-77, 2019.

RIBEIRO, R. H. *et al.* Gestão de aprendizagem no ensino a distância em instituição de Ensino Superior brasileira sob a ótica dos fatores críticos de sucesso. **Revista Paidéi@-Revista Científica de Educação a Distância,** [S. l.], v. 11, n. 19, 2019.

ROMANOWSKI, J. P.; ENS, R. T. As pesquisas denominadas do tipo "estado da arte" em educação. **Revista diálogo educacional,** v. 6, n. 19, p. 37-50, 2006.

RONDÔNIA. Assembleia Legislativa de Rondônia (ALE/RO). Ata da 32ª Audiência Pública para debater sobre a implantação do Ensino Tecnológico no Estado de Rondônia. **Diário Oficial Eletrônico da Assembleia Legislativa de Rondôni**a, n.º 124, ano 5, Porto Velho, 22 jul. 2016a.

Disponível em: http://www.al.ro.leg.br/transparencia/diariooficial/2016/edicao-nr-124-de-22-07- 2016.pdf. Acesso em: 19 mar. 2018.

RONDÔNIA. Lei Complementar n.º 901, de 12 de setembro de 2016. Dispõe sobre a alteração do Quadro de Cargos de Direção Superior de Órgãos do Poder Executivo Estadual e dá outras providências. **Diário Oficial do Estado de Rondônia**, 12 set. 2016. Caderno Principal, p. 1. Porto Velho, 2016b.

RONDÔNIA. Lei n. 3.846, de 4 de julho de 2016. Institui o Projeto Ensino Médio com Mediação Tecnológica no âmbito da Secretaria de Estado da Educação e dá outras providências. **Diário Oficial do Estado de Rondônia**, Rondônia, RO, DOE n.º 121, Porto Velho, 4 de julho de 2016c.

SALTO PARA O FUTURO. TVE. **O que é educação à distância.** 2014. (7min.47s). Disponível em: http://www.youtube.com/watch?v=AUYB-31d0KrM&feature=player_embedded. Acesso em: 20 abr. 2020.

SAMPIERI, R. H.; COLLADO, C. F.; LUCIO, P. B. **Metodologia da Investigação.** 5. ed. Porto Alegre: Penso, 2013.

SANTAELLA, L. **Comunicação ubíqua.** Repercussões na cultura e na educação. São Paulo: Paulus, 2013.

SCHUMPETER, J. A. **Teoria do desenvolvimento econômico**. São Paulo: Nova Cultura, 1911.

SECRETARIA ESTADUAL DE EDUCAÇÃO (SEDUC). **Projeto de Ensino Médio com Mediação Tecnológico.** Porto Velho: SEDUC, 2016.

SEN, A. **Desenvolvimento como liberdade**. São Paulo: Companhia das Letras, 2000.

SILVA JUNIOR, R. G. *et al. In*: CONGRESSO INTERNACIONAL ABED DE EDUCAÇÃO A DISTÂNCIA. 23., 2017. **Anais** [...]. Foz do Iguaçu, 2017.

SILVA, A. S. P.; SANTOS, C. L. S. Distância da Educação: Passando pelo projeto de educação a distância no ensino médio em Rondônia. *In*: CONGRESSO INTERNACIONAL DE DIREITO NA AMAZÔNIA. 3., 2019. **Anais** [...]. Universidade Federal do Amazonas, Manaus, 2019.

SOUZA, L. M.; MENEGON, N. L. Desenvolvimento Tecnológico e análise da demanda na recuperação familiar de farinha de mandioca: o caso da farinha d'água. **Revista Ação Ergonômica**, [*S. l.*], v. 10, n. 2, 2015.

TEIXEIRA, C. C. **Visões da Natureza.** Seringueiros e Colonos em Rondônia. São Paulo: EDUC/FAPESP, 1999.

TODOS PELA EDUCAÇÃO. 51,7% dos professores no EM não tem licenciatura na disciplina que lecionam. **Todos pela Educação - Notícias**, abr. 2014. Disponível em: www.todospelaeducacao.org.br/reoprtagens--tpe/30096/483-dos-professores-ensino-medio-tem-licenciatura-na-diciplina-que-ministram/. Acesso em: 15 set. 2021.

VIANA, C. E.; BERTOCCHI, S. Pelo celular...lá na escola! Mobilidade e convergências nos projetos pedagógicos. **Acervo Educa Rede**, maio 2013. Disponível em: https://www.aberta.org.br/educarede/2013/05/21/pelo-celular-la-na-escola/. Acesso em: 20 ago. 2019.

YIN, R. K. **Estudo de Caso:** planejamento e métodos. São Paulo: Bookman, 2015.